AF242878

L'ABBÉ DESAL A FELLETIN

COUP D'ŒIL SUR LES PETITS SÉMINAIRES

Par l'abbé DELOR

CURÉ DE SAINT-PIERRE , A LIMOGES

PARIS. — IMPRIMERIE VICTOR GOUPY, RUE GARANCIÈRE, 5.

DISCOURS

DANS L'ÉGLISE DU PETIT-SÉMINAIRE DE FELLETIN (CREUSE)

Le 13 mai 1867

A la suite du service de Quarantaine célébré

PAR Mgr FÉLIX-PIERRE FRUCHAUD

ÉVÊQUE DE LIMOGES

POUR LE REPOS DE L'AME DE FEU

M. l'abbé JACQUES-LAURENT DESAL

CHANOINE HONORAIRE
SUPÉRIEUR DU PETIT-SÉMINAIRE DE FELLETIN

Laudate Dominum in sanctis ejus......
Laudate eum in virtutibus ejus.

(Psal. 150.)

PARIS

CHARLES DOUNIOL, LIBRAIRE-ÉDITEUR

RUE DE TOURNON, 29

—

1867

Ce qu'on livre ici au public dépasse de beaucoup (le lecteur s'en apercevra sans peine) les limites du discours prononcé le 13 mai 1867. Ayant à écrire grand nombre de choses qu'on n'avait pas pu dire en une heure, on n'a pas voulu rompre une première trame, et l'on a tout fait entrer dans le cadre du discours. La rhétorique réclamera sans doute; mais bientôt, nous l'espérons, elle nous absoudra, si la reconnaissance et l'amitié ont pu moins mal payer leur dette, et si l'édification des âmes a, dans nos longueurs, dans nos inégalités, mieux trouvé son compte.

DISCOURS

Prononcé dans l'Église du Petit-Séminaire de Felletin (Creuse)

Par l'abbé DELOR

Laudate Dominum in sanctis ejus......
Laudate eum in virtutibus ejus.
(Psal. 150.)

Lors même qu'il s'agit des saints, de ces voyageurs d'autrefois que, par des décisions infaillibles, nous savons être maintenant en possession de la patrie éternelle, notre admiration, nos louanges remontent de ces chefs-d'œuvre au Dieu qui les a faits.

Oui, même en présence des plus éblouissantes et des plus authentiques saintetés humaines, il faut s'écrier : A Dieu seul l'honneur et la gloire! *Soli Deo honor et gloria!*

Des louanges à l'homme? — qui donc nous pourrait ici tenter d'en donner, lorsque de l'homme qui occupa tant de place dans cette maison, dans la ville, dans le pays, nous n'avons plus rien sous les yeux, rien que la représentation de son cercueil? Car c'est la vérité que ces voiles funèbres, qui abritèrent il y a quarante jours sa dépouille mortelle, ne recouvrent plus rien, et que, n'était leur flamme qui monte comme nos prières vers les régions de l'immortelle vie, ces cierges penchés, dévorant leur substance ou la laissant tomber en larmes sur la pierre froide, ne nous montreraient que de désespérantes réalités.

Des louanges à l'homme? quand nous avons vu si souvent la passion, la misère, la terreur, les prodiguer à des incapables, à des histrions, à des monstres!

Des louanges à l'homme? des louanges publiques, solennelles? Un homme loué à haute voix, devant une assemblée en deuil, c'est-à-dire devant une assemblée qui va boire vos paroles dans la passion sacrée de la douleur; un homme loué du haut de la chaire de vérité, devant le Dieu qui sonde les reins et les cœurs..... qui ne sent que c'est là un terrible jeu entre l'enthousiasme, la pitié d'une heure et les inflexibles arrêts de la justice éternelle? — Certes, il faut plaindre beaucoup ces êtres froids ou jaloux, hélas! qu'aucune grandeur, aucune beauté ne fait s'ouvrir aux transports de l'admiration et à la joie de la louange; mais si un siècle devait passer où nous fussions exposés, à chaque événement qui finit, à chaque tombe qui s'ouvre, à entendre louer sans mesure les choses et les hommes les plus suspects, la conscience humaine ne tardera pas à bénir l'Eglise d'avoir, par des règlements sévères, réservé pour la vertu certaine, supérieure, immortelle, la louange publique, cette désignation officielle de ce que l'homme doit prendre pour modèle.

Vous nous opposiez avec raison ces règles, Monseigneur. Nous osâmes insister en disant que la même autorité qui les a établies juge quelquefois sage d'en restreindre l'application; que, tout en réservant pour Dieu l'adoration, cette louange suprême, elle honore, elle célèbre, elle chante les saints; que, tout en ne permettant qu'en faveur des saints les panégyriques, elle autorisa souvent sur la tombe de certains grands morts de tragiques et funèbres oraisons; qu'en nous tenant en garde contre des admirations irréfléchies et des enthousiasmes insensés, elle n'entendait pas interdire à la reconnaissance son expression, à l'amitié son tribut, à la piété surtout l'occasion de s'accroître. Vous pouviez, Monseigneur, avoir oublié, mais non pas nous, une éloquente allocution prononcée dans l'église de Baupréau sur des restes chéris. Nous rappelâmes le nom de M. Urbain-Loir Mongazon, et, des larmes dans les yeux, vous nous dites : « Oui, devant les élèves de mon Petit-Séminaire de Felletin, devant le peuple de cette religieuse ville, devant tous les prêtres de la contrée, dans l'église, après la sainte messe que je célébrerai moi-même solennellement, vous parlerez de M. Jacques-Laurent Desal (1), Supérieur du Petit-Séminaire de Felletin. »

I

Quand l'Esprit-Saint permet à des fils de s'exhorter à célébrer leurs pères illustres : « *laudemus viros gloriosos parentes nostros*, chantons la gloire de nos

_____

(1) On prononce en faisant siffler l's, et non pas DEZAL.

pères » (Eccl., XLIV, 1), il est bien entendu que ce sont leurs qualités qu'il faudra célébrer et non pas leurs défauts.

Cette réserve imposée à la piété filiale est, à plus forte raison, imposée à l'amitié sacerdotale.

Chargé de parler en public d'un ami qui fit des œuvres excellentes, un prêtre, s'il veut être sincère, s'il a su être observateur, trouve là une occasion rare de faire rentrer en eux-mêmes les meilleurs, les plus généreux, les plus illustres, de réveiller au fond des plus saintes âmes l'écho d'un commandement formel : « O justes, ô saints, étudiez-vous, connaissez-vous, grandissez toujours : *qui justus est justificetur adhuc, qui sanctus est sanctificetur adhuc.* » (Apoc., XXII, 11.) N'infligeons pas aux autres, à nos amis surtout, à des hommes de foi, de cœur et d'esprit, l'intolérable supplice de s'entendre indécemment louer. Qui de nous voudrait être loué en tout? A nous surtout, vénérés confrères, qui, pour monter tous les jours au saint autel, avons si souvent besoin d'aller au tribunal où seule l'infinie miséricorde égale les humaines misères, cette simple question ne fait-elle pas horreur?

Et, du reste, à quoi bon des éloges outrés ou des éloges sans restrictions, dans une assemblée chrétienne, où tout le monde sait les oracles de l'Esprit-Saint, celui-ci entre autres : « *Si dixerimus quoniam peccatum non habemus, ipsi nos seducimus, et veritas in nobis non est.* Si nous disons que nous sommes sans péché, nous nous séduisons nous-mêmes, et la vérité n'est pas en nous. » (I Joan., I, 8.)

Sans doute, c'est la cruelle douleur de l'âme ici-bas
de ne pouvoir saisir jamais la beauté absolue, cet idéal
toujours entrevu, toujours poursuivi avec une dévo-
rante ardeur ; et pourtant, qui dira qu'un des charmes
de la beauté n'est pas d'être fragile, que notre admiration pour la grandeur ne vient pas en partie de ce que,
le front perdu dans la gloire, elle touche, comme nous,
de ses pieds, la poussière ? Qui soutiendra qu'une vertu
toujours triomphante, jamais blessée, a seule, pour
nous, du prestige, et qu'elle cesse de nous séduire dès
que nous avons vu de son sang dans le champ de nos
combats ? Et toi, sainte amitié, qui dira ce que tu per-
drais s'il t'était ordonné d'oublier que tu as maintes
fois pardonné ; si l'indulgence et même un peu la pitié
cessaient de faire partie de toi-même ? Ah ! si de la plus
funeste des fautes, de celle qui versa tant de maux dans
le monde, l'infaillible Eglise a pu dire et chanter : *felix
culpa !* sachons ne pas détourner nos regards des côtés
moins éclatants de la vie des serviteurs de Dieu, et de
là aussi, pour sûr, la Puissance créatrice fera jaillir, à
notre grand avantage, des lumières : *qui facit de tene-
bris splendescere lumen suum.*

Donc, pendant que nous louerons, quelques protes-
tations, quelques restrictions du moins, seront enten-
dues au fond des âmes... Des souvenirs s'éveilleront,
moins favorables, un peu tristes, un peu amers peut-
être, et passeront sur cet auditoire comme un vol d'in-
sectes importuns. Ne les écartez pas d'un geste trop
farouche. Pour moi, je croirai voir une ombre sacerdotale passer voilée, tout en pleurs, et nous adresser dans

un dernier gémissement, *mortuus adhuc loquitur*, le plus éloquent de ses discours :

« Il avait sans doute, le pauvre serviteur, bâti sur la *pierre angulaire*, Jésus-Christ ; il avait mis dans sa construction *l'or, l'argent, les pierres précieuses;* mais, hélas ! *du bois* s'y trouva aussi, et *de la paille et du foin* (1 Cor., iii, 12), matières *pour le feu*, ô mes frères!... » Courbons nos têtes, instruisons-nous, prions... Et puis, reprenons sur une note moins doulou-reuse.

II

Il est présent encore à tous nos yeux celui que, pendant vingt-six ans, nous avons appelé M. le Supérieur. Vous revoyez cette taille mince, cette démarche un peu chancelante, sauf aux heures de la parole et de l'action. Voici cette figure aux grands traits, maigre, de bonne heure sillonnée de rides, portant dans des yeux malades des regards pleins de feu, très-mobile sur un cou élancé, encadrée dans une chevelure que nous avions vue blonde, que vous avez vue blanche, mais toujours abondante. J'ose présenter encore à cette foule mon frère et mon ami dans son costume de chaque jour : le voici avec sa robe sacerdotale, sa ceinture flottante attachée avec soin à sa taille; en mantelet noué sous le cou, rejeté souvent, par les bouts, sur les épaules; serrant dans ses mains fines une tabatière d'argent, mais toujours aussi un grand foulard de soie. Et ce portrait connu, je le porte, non sans réflexion, dans la chaire chrétienne : il y a ici une vertu. M. le

Supérieur, par respect pour son sacerdoce et pour sa fonction ; par cette charité dont on ignore à coup sûr les délicatesses, quand on ne sent pas les insupportables déplaisirs que causent au prochain des incuries sordides, des sans-gêne grossiers ; par ce principe, qu'à l'enfance curieuse et imitatrice il faut bien se garder d'offrir en spectacle la malpropreté, le mauvais goût, le désordre, la négligence, M. le Supérieur eut constamment dans sa mise et dans sa tenue du soin, de la correction, de l'élégance. Cela peut n'être dans de grands milieux qu'une habitude ; ceux qui ont vécu dans les petites villes savent tous que, là, c'est le résultat d'un effort, une vertu, par conséquent.

Je n'ignore pas la défense de l'Esprit-Saint (Eccl., XI, 2) : *Non laudes hominem in specie sua ;* mais il n'est pas question de beauté, ici ; il le savait plus que personne, le vénérable prêtre. « Je vous envoie ma photographie, puisqu'on me l'a faite, écrivait-il à un ami ; mais où mettrez-vous cette vilaine figure ? » Ce qu'il ne savait pas, ce que nous avions tous remarqué, ce qui frappait tout regard observateur, c'est que, dans un groupe quelconque, cette figure se détachait avec distinction.

C'est sous cet aspect qu'il est demeuré dans la mémoire de ses anciens élèves. Je recevais l'autre jour, de la Bretagne, une lettre où j'ai lu ces mots : « Nous réclamons le portrait de notre Supérieur. Esquissez pour nous tous cette physionomie de bon prêtre ; ces traits nerveux et fatigués, où, sous la transparence d'un corps si effacé, l'âme se montrait si vive ; cette noble fierté de l'homme, du prêtre, qui se sentait la tête et le cœur, à Felletin, de l'œuvre qu'il a si bien comprise et tant aimée, de l'œuvre des Petits-Séminaires. »

Je saisis cette pensée au passage, et si vous voulez bien le permettre, Monseigneur, nous allons, pour voir bien M. Desal, le placer dans son grand, dans son beau jour, dans l'œuvre des Petits-Séminaires. Ne craignez pas, Monseigneur... Si votre diocèse garde, pour jamais, dans son souvenir, ce que vous avez fait en faveur de cette œuvre bénie, celui à qui vous avez permis de parler ici au nom de tous n'oubliera pas des exemples consacrés : *Laudavi magis mortuos quam viventes* (Eccl., IV, 2). Sa reconnaissance ira bien au vivant, mais pour l'éloge il ne l'adressera qu'au mort ; et, par là, sortant du domaine d'une amitié personnelle, *egredere de cognatione tua*, il entrera dans l'étude d'une grande œuvre de Dieu. *Laudate Dominum in virtutibus ejus.*

III

Il y eut au commencement de ce siècle un grand déploiement de la puissance de Jésus-Christ en faveur de son Eglise. Je crains qu'entre tous les miracles, on n'ait pas assez, pas du tout même, remarqué, sinon le plus grand, au moins le plus touchant de tous : l'éclosion des Petits-Séminaires.

La démocratie avait fait son avénement : comme tous les vainqueurs elle fut orgueilleuse. A tout ce qui datait de loin, à l'Eglise surtout, elle donna congé, en disant : Je me suffirai. Et la voilà qui s'organise, qui crée pour tous ses besoins des services réguliers. Et, la lumière étant, disait-elle, son premier besoin, du cerveau de l'homme puissant que le flux des révolutions avait jeté à la société éperdue, et en qui se résumait la démocratie, sortit, comme tant d'autres conceptions, tout d'une pièce, le corps enseignant qui s'appela l'Université de France.

Un corps enseignant, un corps appelant à lui toutes les capacités, offrant en perspective les plus grands honneurs; un corps privilégié, renté; un corps d'où allaient relever toutes les intelligences, qui allait tenir la clef de toutes les carrières; un corps où allaient se donner rendez-vous toutes les ardeurs, toutes les audaces de l'esprit humain; un corps enseignant, et qui n'était pas ce fameux corps, enseignant tout seul, depuis dix-huit siècles, en vertu de cette délégation souveraine : *Docete omnes gentes ;* qui était même créé, sinon contre lui, du moins en dehors de lui !... ce fut pour beaucoup d'esprits, alors, et depuis, et aujourd'hui encore, ce fut la force centrale, l'Eglise prochainement universelle, et absolument définitive. Laissez faire, se dirent ces esprits : l'école, les cours, les conférences, voilà qui fera, tôt ou tard, le vide dans l'Eglise. — Tout le monde sait, tout le monde peut voir, combien d'autres esprits, et des meilleurs, repoussent ces perspectives-là, et avec quelle vaillance ils ont mis au service de l'Eglise des talents de premier ordre.

Mais, bien sûr, avec une grande variété de tons, beaucoup avaient dit : Nous en finirons avec l'Eglise.

Sachez donc, mon siècle, et méritez de l'apprendre pour jamais au monde, qu'on ne se passe pas de l'Eglise.

Il y a de cela une raison bien simple : l'Eglise ne passant pas, — la parole de Dieu y est engagée, — elle est trop grande, et elle est trop bonne pour demeurer là sans rien faire.

Grande, c'est sa nature d'être au sommet.

Venue de l'éternité, plongeant dans l'éternité, c'est sa fonction de mener la chose immortelle, la chose souveraine d'ici-bas, l'âme humaine. Seule, l'Eglise apaise nos faims et nos soifs immenses. Seule, d'une origine introuvable, et d'une puissance indiscutable, elle impose, d'autorité, ses commandements. Seule, en sacrant toutes les âmes, elle a pu rendre partout l'homme sacré. Seule, elle est assez profonde, assez auguste pour que l'âme lui découvre ses saignantes blessures. Seule, elle demeure assez sereine pour rassurer dans toutes les tempêtes. Humanité, tu montes, dis-tu, tu montas surtout sous l'effort de ta grande révolution. Eh bien ! oui, comme l'océan, quand, des hauteurs de l'espace, l'ouragan tombe, se couche sur lui, et l'enlève dans ses bras. Oui, tu montas, océan soulevé, tu montas superbe, bondissant, écumant, mais de même qu'Elle flottait paisible sur ta surface unie... regarde ! sur la plus grondante, sur la plus haute de tes vagues courroucées, Elle flotte, la barque immortelle !

Bonne, sa nature est d'aimer et de faire du bien.

Je ne sais s'il est des êtres assez malheureux pour haïr Dieu ! Si cette monstrueuse haine est possible, je conçois l'Eglise haïe, car Dieu est pour une large part dans son être. Mais, par son autre part, par son côté humain, l'Eglise c'est nous tous. L'Eglise, oh ! vous avez

beau faire, mon siècle, ma patrie, c'est vous! Vous lut-
teriez en vain contre les essences, cela est indestructible; l'Eglise, par son côté divin, est une souveraine ; par
son côté humain, elle est votre fille, votre sœur, la
compagne de votre bonne et mauvaise fortune ; et une
fille, une sœur, une compagne, que peut-elle vous
faire, sinon du bien? Délaissez, écartez, rejetez tout
ce que vous voudrez, mais la bonté, mais l'amitié,
mais l'amour... d'abord, vous le repousseriez en vain,
c'est invincible, indestructible, c'est plus fort que la
mort, dit l'Ecriture ; et heureusement !... vous allez le
voir.

Toute élévation, tout agrandissement est une capacité
de plus de souffrir ; *qui addit scientiam addit et laborem*
(Eccl., I, 18). Nos plus intolérables souffrances sont
celles qui ont leur siége dans nos organes les plus
délicats. Les natures exquises sentent mieux, et, par
conséquent, souffrent davantage. Et s'il est écrit d'une
agonie et d'une mort, qui, atroces sans doute, ne du-
rèrent pourtant pas vingt-quatre heures, qu'aucune
douleur ne leur fut et ne leur sera jamais comparable,
videte si est dolor sicut dolor meus! c'est que l'agoni-
sant, le mourant, c'était Dieu.

D'où il suit que plus l'homme se perfectionnera, plus
il souffrira; et que le plus indispensable service de
l'humanité sera toujours le service chargé de la consoler.
Et qui consolera le mieux? Celui qui aura le plus d'a-
mour. Or, l'amour inépuisable c'est Dieu; et Dieu s'est
mis dans son Eglise pour toujours: *Vobiscum sum usque
ad consummationem sæculi.*

Suivez donc l'ordre de Dieu, ô peuples, travaillez la terre, *ut operaretur eam;* fécondez-la, embellissez-la, arrachez à la nature tous ses secrets, toutes ses forces ; pour vous faire des voies rapides, abaissez les montagnes, soulevez les vallées : vous n'irez pas sans l'Eglise, sans votre mère, sans la puissance souveraine de l'amour. Elle vous donna ses anachorètes, ses stylites, tous ses effrayants mortifiés pour révéler à vos instincts primitifs, tous grossiers, l'âme maîtresse et immortelle. Elle vous donna ses monastères, écoles de sainteté et de science, ouvertes à tous, ses moines, légions intrépides, qui, après avoir autour d'eux défriché les bois, desséché les marais, vous montrèrent le secret du bonheur dans les passions domptées et dans la soumission à la règle. Contre des envahisseurs, des dévoreurs fanatiques, elle créa ces soldats chevaliers qui juraient de mourir pour votre liberté. Contre le fléau incessant de la guerre, elle vous donna la trêve de Dieu. Quand des pirates vous faisaient esclaves, elle vous donna les ordres rédempteurs des captifs. Elle ne cessa jamais de vous donner des asiles pour vos malades, vos vieillards, vos orphelins, vos pauvres. Et, de nos jours, où des voix trompeuses vous promettent qu'il n'y aura plus de pauvres parmi vous, il faut que vos pauvres soient, ou plus nombreux, ou plus délicats que jamais, car jamais l'Eglise n'a eu la joie de mettre autant de ses fils et de ses filles au service de tout ce qui, parmi vous, souffre et pleure.

Or, en nos jours encore, l'Eglise revenait de la prison et de l'exil, mutilée, infirme, pauvre. Ces vieux prêtres,

puissants autrefois, opulents peut-être, allèrent tous
modestement au poste qui leur fut assigné dans les
églises nues des villes, dans les églises ruinées des
campagnes. Et le monde a vu avec quel zèle ils reprirent le service des âmes. Mais plus leur zèle ramenait
d'âmes à Dieu, plus ils se sentirent oppressés par une
pensée amère : « Nous sommes vieux, nous mourrons
bientôt : qui aura soin, après nous, de notre cher
troupeau ? »

Le sacerdoce disparu, quel vide insondable ! quelle
effroyable perspective ! Nos pères de l'ancienne société
n'avaient pas soupçonné cet épouvantement. Nous ne
le sentons guère nous-mêmes, génération chrétienne,
servie par un sacerdoce à peu près suffisant, se recrutant sans trop de peine dans le fonctionnement régulier
de nos institutions actuelles. Mais mettons-nous à la
place des vénérables prêtres, rentrés en France après
la révolution et nous verrons ce qu'il y eut en eux de
courage et de foi. Et si nous sommes à genoux devant
l'acte adorable de l'Esprit-Saint dictant au saint concile
de Trente son fameux décret pour la fondation des
écoles ecclésiastiques ; si nous saluons de nos cris le
chevaleresque solitaire de Manrèze créant contre l'hérésie, la fausse science, la littérature corrompue, une
milice enseignante, encore debout, Dieu merci, et chaque
jour signalée par de nouveaux triomphes ; notre amour
et notre reconnaissance ne manqueront certes pas à
l'étonnante création de ces vieillards, prêtres fidèles,
confesseurs et martyrs !

La foi inspira tout, dicta et fit tout.

Ces vénérables prêtres n'étaient pas tous savants ; plusieurs l'étaient et avaient, dans l'exil, fait l'éducation des enfants des plus nobles et des plus opulentes maisons ; ils étaient tous dévoués, prêts à toutes les gênes, à tous les sacrifices. Ce vieux prêtre, humble vicaire dans une paroisse de ville, ouvrit, soir et matin, dans sa chambre, au troisième étage d'une rue étroite, une école pour trois ou quatre enfants du peuple, en qui il avait remarqué de la bonne volonté et de l'intelligence. Ici, au village, dans son délabré presbytère, le vénérable curé offrit des leçons, puis la table, puis le coucher à cinq, à dix, à vingt bons et braves enfants de la campagne.

Ces chambres obscures, ces pauvres presbytères, c'était, à son berceau, l'œuvre éminente dont je vous parle, c'étaient les Petits-Séminaires.

IV

Semé par des mains pures, cultivé par des mains fidèles et vaillantes, le grain de sénevé devint rapidement un grand arbre et couvrit tout le pays. Bien vite, chaque diocèse compta un, deux, trois, quatre Petits-Séminaires. Quelques-uns en eurent davantage ; mais je m'arrête, Monseigneur, au nombre atteint par votre diocèse, qui compte Le Dorat, Ajain, Felletin et Limoges. Ce dernier ne fit que passer, mais en faisant du bien, je le sais mieux que personne, et vous avez su maintenir et développer une excellente maison qui le remplace.

Et je retrouve ici M. Desal. Vous tous qui avez connu ce prêtre, qui aimait tant à causer, et qui, parlant bien, écoutant bien, avait l'art des causeries intéressantes, vous vous rappelez que, sur ce sujet des Petits-Séminaires, il ne tarissait pas. Il y revenait sans cesse, et avec un entrain qui montrait, mais jamais n'épuisa l'abondance de ses affections pour son œuvre chérie, pour son œuvre unique ; car il lui donna toute sa vie de prêtre, quarante-trois ans. Sans prétendre qu'il ne se trompa jamais, sans vouloir, bien moins encore, imposer à d'autres les convictions, même de cette vieille expérience, il nous semble que résumer ses conversations, redire ses plans, ses procédés, ses actes, c'est apporter aux hommes voués à la même œuvre un concours d'une incontestable valeur.

Avant tout, M. Desal aimait dans les Petits-Séminaires une création divine. C'était parce que ces maisons avaient été établies et gardées par Dieu, disait-il, qu'elles étaient si solides et si belles. Fondées par les Evêques, elles avaient reçu, en toute occasion, les suffrages et les bénédictions du chef des Evêques. Elles n'étaient pas, tout à fait, les écoles mises par le concile de Trente à la charge des évêchés, des chapitres, de certains grands bénéfices ; cela, généralement, ne pouvait plus être, vu les changements accomplis dans les conditions d'existence de l'Église. Elles n'étaient pas tout à fait, non plus, les écoles des ordres religieux formellement approuvées pour l'enseignement par le Saint-Siége ; mais, nées des circonstances nouvelles, elles s'adaptaient naturellement aux nécessités actuelles. Nées du clergé séculier, vivant de sa vie, le faisant vivre, vivant de leur évidente nécessité d'être, elles se trouvaient, moins que les religieux enseignants, exposées à se voir balayées par un vote des assemblées délibérantes, par une colère ou une folie de l'opinion, par un simple décret du pouvoir. Et ainsi elles offraient aux familles un moyen de garder des foyers d'éducation chrétienne, au sacerdoce un moyen de se recruter toujours. Elles ne s'ouvraient pas, comme les écoles décrétées par le saint concile de Trente (1), exclusivement à des enfants destinés au sacerdoce ; mais en s'ouvrant aux enfants de toutes les familles chrétiennes, en maintenant d'ailleurs dans leur sein une discipline et une science absolument chrétiennes, elles faisaient éclore

(1) Le décret du concile de Trente n'a point manqué son but. Ce qu'il voulait, au fond, des maisons de retraite et d'étude pour préparer une jeunesse choisie à la réception des saints ordres, lui fut donné immédiatement. On sait avec quelle ardeur, et avec quel succès les Charles Borromée, les Vincent de Paul, les Bérulle, les Olier organisèrent, chacun dans son génie propre, l'œuvre des Grands-Séminaires. Ces admirables serviteurs de Dieu voulurent aussi fonder des Petits-Séminaires. S'ils furent en cela moins heureux, ils ne paraissent pas s'en être fort troublés. L'éducation de leur temps, partout chrétienne, suffisait, dans sa forme commune, pour conduire les enfants jusqu'à la porte des Grands-Séminaires. Dieu, qui avait envoyé à son concile œcuménique une inspiration pleine de sagesse, réservait à son Église persécutée, appauvrie, l'honneur de réaliser ce que n'avaient pu faire des saints puissants en œuvres. Et, tout juste aux temps où l'instruction publique, soustraite à la direction chrétienne, menaçait d'éteindre dans sa source le sacerdoce, nous avons vu éclore les Petits-Séminaires.

On sait du reste que, dans certains diocèses où s'étaient mieux conservées les formes extérieures de la vie chrétienne, des Petits-Séminaires, dans le sens exact du saint concile, ont pu être fondés. Et quel œil chrétien ne contemple avec amour, dans le diocèse de Poitiers, ce Petit-Séminaire de Montmorillon, la création la plus puissante peut-être d'un épiscopat si fécond en merveilles ?

çà et là, dans toute condition, souvent dans les plu
hautes, toujours dans les meilleures, des vocations ines-
pérées, brillantes, solides; elles préparaient ce clergé
français, qui sait bien, sans doute, à quoi s'en tenir sur
des louanges suspectes à plus d'un titre, mais qui n'a
pas non plus donné le droit de lui assigner, quand on
le compare à d'autres, toujours la dernière place. Si
l'un de vos vénérables prédécesseurs, Monseigneur, a
donné dans le cours de son épiscopat une grande joie
au cœur de notre cher Supérieur, ce fut quand, au
retour d'un voyage à Rome, Mgr Buissas annonça
que, sur l'exposé qu'il avait fait devant Sa Sainteté de
l'organisation de ses Petits-Séminaires, Pie IX avait
donné sa pleine et entière approbation.

M. Desal n'ignorait pas une objection élevée contre le
mélange des enfants laïques et des enfants ecclésiastiques, les laïques devant toujours, dit-on, garder comme
un objet de scandale le souvenir des méfaits de leurs con-
disciples ecclésiastiques; et aussi, cette autre objection,
que, par le fait du mélange, les études, nécessairement
destinées à préparer des bacheliers, ne seraient pas assez
ecclésiastiques. Là-dessus il demandait respectueuse-
ment à apporter les résultats de ses longues observations.
— A la première objection il croyait pouvoir répondre
que, même dans le système d'une destination toute ecclésiastique, on ne parvient point à former uniquement
des ecclésiastiques; des enfants, toujours en assez grand nombre, à la fin de leurs études, trom-
pent l'espoir de leurs parents, et l'attente de l'Église
qui avait fait tant de sacrifices pour les conduire au

sacerdoce, s'en vont dans le monde, mécontents, aigris comme des ingrats, exposés à ce rôle de diffamateurs, qui a été, plus d'une fois, la honte de ce siècle. Il ajoutait que le système du mélange avait, comme toutes choses, ses inconvénients; mais qu'il avait l'avantage de donner des vocations plus incontestables, en ce sens qu'elles avaient été éprouvées par des frottements, par des chocs. A la seconde objection, — l'exclusion une fois donnée à toute chose mauvaise, — il disait en souriant un peu : « Hélas! des enfants ! la question n'est pas de choisir entre les divers objets d'études; la question est de les faire étudier. » Garder ces jeunes cœurs purs, sincères, bons, généreux, ouvrir ces esprits, les faire avides, larges, lui paraissait la meilleure des préparations pour la sainte vie du prêtre, pour la science sublime du théologien (1).

A la tête de toutes les conditions requises pour réussir dans l'éducation, M. Desal plaça toujours la piété. Sa vie à lui, si admirablement pure, fut celle d'un prêtre pieux. Il aimait Dieu; il prononçait affectueusement et souvent ce mot : « le bon Dieu! » Il ne savait assez multiplier les images et les titres sous lesquels il pourrait présenter la sainte Vierge à son collége. C'est lui qui fit placer sa statue au milieu des parterres de la cour, avec l'inscription : *Fulcite me floribus*, faites-moi un trône de fleurs. C'est lui qui inventa pour Villefort la fière statue de *Notre-Dame de la Victoire*. Et ici viendrait

____

(1) M. Desal s'était rendu familiers les ouvrages de Mgr l'Évêque d'Orléans sur l'éducation; il fut heureux de voir ses professeurs en faire leur lecture quotidienne.

se placer l'histoire de *Notre-Dame de la Première-Com-munion*. Mais l'histoire est si touchante et elle serait si longue ! Et le jeune prêtre, notre amitié, notre gloire, qui, sous votre autorité, Monseigneur, et avec l'ardent concours de M. Desal, l'a fondée, est si près de vous, si près d'une parole à qui vous n'avez pas donné mission de louer les vivants !

Entre tous les colléges de France, Felletin, le premier, eut une conférence de Saint-Vincent de Paul. C'est à M. Desal qu'il doit cet honneur. Ce fut d'abord une pensée hardie, presque téméraire. L'âme chevaleresque de notre Supérieur ne détestait pas cela. Il ne se l'est jamais dit, mais plusieurs, en y regardant bien, trouveront que si, dans la vie de M. Desal, il y a quelque chose comme du génie, c'est l'exemple donné à la France d'une conférence d'écoliers. Qu'on se le figure bien : des écoliers, ailleurs toujours surveillés, ici société libre, sous la seule garde de son règlement et de son bureau, entreprenant, conduisant, améliorant des œuvres, toutes sortes d'œuvres, les œuvres générales des conférences, ses œuvres spéciales et locales. Dieu a béni cette entreprise, et nul parmi nous ne doute que le collége de Felletin ne lui doive son habitude si remarquée de loyal respect et de noble obéissance.

M. Desal avait pris de son vénérable prédécesseur, M. Florand, le besoin de ces longues visites au saint Sacrement, où il parlait tant à Notre-Seigneur de ses chers enfants. Sa langueur, son douloureux malaise du matin, si connus de nous, se dissipaient toujours à la suite de la sainte messe, dont nous, bien portants, nous nous serions crus incapables pour une seule de ces matinées laborieuses qui furent l'état constant de sa vie. Quand ses yeux, dès longtemps malades, refu- sèrent décidément leur service pour la récitation de la partie longue et difficile du bréviaire, il en eut un cha- grin amer, et, quelques prières qu'il se fût imposées comme compensation, il ne se consola jamais de n'être plus, avec tous ses confrères, au plus doux, au plus sacré de leurs tant chers et tant sacrés devoirs, au saint office.

J'ai eu le bonheur, Monseigneur, de vous remettre souvent des deniers de Saint-Pierre. Il ne m'en venait d'aucune main aussi régulièrement que de celle de M. le Supérieur.

<h2 style="text-align:center">V</h2>

Les Petits-Séminaires se présentèrent bientôt sous un aspect très-étonnant aux yeux de la démocratie. Les colléges de l'État avaient beau mettre, au moyen des bourses, toute la science officielle à la portée des fa- milles pauvres ; la masse du peuple et de la petite bour- geoisie demeurait en dehors d'une instruction encore trop chère. Puis, ces colléges étaient toujours dans les grandes villes, condition onéreuse, condition redoutée par l'éco- nomie, par le sens moral des parents. Les Petits-Sémi- naires s'assirent presque tous dans de petites villes ou même dans des villages ; le prix des pensions y fut très-peu élevé ; il fut pour plusieurs très-abaissé, pour d'autres, enfin, nul : tant, même pauvre, l'Église de- meure saintement obstinée dans son génie charitable !

Ainsi, partout s'ouvrirent devant le peuple des écoles.

La démocratie en sait-elle gré à l'Église? L'histoire jugera. Et moi, qui aime mes contemporains, j'éprouve le besoin, oppressé que je suis par certains souvenirs, de faire d'ici appel à la clémence de la postérité.

Et cependant les nobles et les riches familles, trouvant, dans ces maisons, de la religion, des mœurs, de bons maîtres, des études sérieuses, vinrent en foule, elles aussi, leur confier leurs enfants.

L'élément plébéien demeura néanmoins dominant.

— Et cela mena maints Petits-Séminaires à d'inextricables embarras financiers.

— Cette interruption ennemie ne me déplaît pas, il s'en faut bien, Monseigneur.

— C'est vrai, les fondateurs des Petits-Séminaires, les ouvriers des premières heures, ne furent pas tous d'habiles financiers. C'est vrai qu'ils ne surent pas toujours sur quel terrain ils jetaient leurs grandes et belles constructions ; c'est vrai que dans ces vastes demeures ils accueillirent facilement, largement, qu'ils surent donner la science et la piété mieux qu'ils ne surent faire rentrer les prix des pensions. C'est vrai qu'ils osèrent avoir aux champs un abri et des ombrages, pour que leur jeune famille pût, régulièrement, aller boire aux grandes et vives sources de l'air et du soleil. C'est vrai enfin que, ayant beaucoup aimé, beaucoup servi, ayant donné à leurs diocèses leur vie, ils s'aperçurent un jour qu'ils leur avaient donné des hommes, des chrétiens, des prêtres, mais pas d'argent ; mais ils n'en eurent ni honte, ni remords.

Au fond, les chrétiens et les prêtres sont demeurés,

et elles demeurent, ces constructions et ces campagnes
où croissent et où croîtront longtemps de nouvelles gé-
nérations de chrétiens et de prêtres. Et que fit le bon
Dieu? Pour les diocèses les plus éprouvés, il chercha
une volonté attentive et déterminée. Et nous en savons
une, Monseigneur! Elle vint, et sans se troubler, sans
récriminer, elle mit là sa *douce et confiante* (1) main,
et tout est aujourd'hui réparé.

Et maintenant, ô mon pays, si quelqu'un, au nom du
peuple, au nom de la science, vous dit encore du mal
de l'Église, notre mère, faites-lui voir, couvrant partout votre sol, ces vastes et beaux édifices, ces cours,
ces jardins, ces vergers, ces prés et ces bois; tout cela
pour vos enfants... Et dites-lui : Cela n'est pas venu
tout seul; il y a fallu des hommes. En effet, des hommes
y ont mis la main; ils y ont mis leur esprit, leur cœur;
ils y ont mis des ardeurs inépuisables, des audaces
inouïes; ils y ont mis des jours laborieux et des veilles
accablantes; ils y ont mis leur jeunesse; ils y ont mis
douze, quinze, vingt, trente ans; il y en a un ici qui y
met sa quarante-quatrième année (2); ils y ont mis leur
vie; et tandis que, partout ailleurs, quinze et quarante ans d'un travail intelligent et honnête se soldent
par de sonnants bénéfices, d'ici, les vivants n'ont rien

---

(1) *Simpliciter et confidenter.*
(2) M. l'abbé Laval, ici désigné, devait, quelques mois après
M. Desal, être ravi à notre amitié. Simple clerc tonsuré, M. Laval
nous édifia constamment par sa piété. Tradition vivante de la maison,
il était l'indispensable conseil de M. le Supérieur. Il fit, longtemps,
toutes les études, deux récréations et sa classe. Il avait le génie de
l'initiation des enfants au travail et aux premiers rudiments des lan-

emporté, rien que le droit chéri de revenir, chaque année, se promener quelques jours à l'ombre des arbres qu'ils plantèrent autrefois... Et les morts s'en sont allés ne laissant rien, et ne devant attendre que de l'amitié le modeste monument qui couvrira leurs cendres.

VI

Dans une des orageuses discussions que souleva, sous le régime de 1830, la question de la liberté de l'enseignement, les adversaires de l'éducation libre parlaient beaucoup de l'infériorité des études dans les établissements ecclésiastiques. On se rappelle la fière réponse de M. l'abbé Dupanloup, aujourd'hui l'illustre Evêque d'Orléans. Il envoya à une commission de la Chambre des députés le défi de faire composer ensemble les élèves d'un collége de Paris d'une part, et de son Petit-Séminaire de l'autre. Le défi ne fut pas accepté. M. l'abbé Desal l'aurait renouvelé avec confiance, dans des conditions de mathématique justice, pour son Petit-Séminaire de Felletin. M. le Supérieur, nous l'avions tous remarqué, était un peu naïf comme l'homme qui, dans sa vie, n'a fait qu'une seule chose. Mais il n'était pas fanfaron. Et, quand il disait comme M. l'abbé Du-

gues. Aussi quand, après avoir fait la *quatrième* avec succès, il fut prié de vouloir bien prendre la *huitième*, il accepta sans hésiter. C'est dans ce poste modeste occupé plus de trente ans, que cet homme de sens et de cœur, une de nos gloires de Felletin, a entendu, le 17 juillet 1867, le doux appel du Seigneur : « C'est bien, serviteur bon et fidèle. Parce que tu as été fidèle aux petits emplois, entre dans la joie du souverain Maître. »

panloup : « Qu'on tire au sort, sur les classes beaucoup plus nombreuses des lycées, un nombre égal au nombre ordinaire des élèves de nos classes, vingt en moyenne, qu'on les fasse composer, et je ne redoute pas le résultat, » il exprimait une conviction réfléchie, que nous lui avons entendu appuyer sur les raisons que voici :

« Nos enfants sont dans une condition meilleure pour étudier : notre régime essentiellement religieux garde les cœurs purs, et partant, libres. Les natures fraîches sont le lieu des éclosions luxuriantes. Après certaines dévastations, il n'y a plus ni fleurs, ni verts rameaux, ni moissons. Chez plusieurs de nos enfants, la religion arrive jusqu'à la piété ; avec ce don céleste, tout devoir est accepté, recherché, aimé.

« Le personnel de nos Petits-Séminaires est moins savant que celui des colléges universitaires ; mais cela n'y fait rien ; nos professeurs enseignent mieux. »

Cela semblait paradoxal. Le praticien de quarante-trois ans insistait.

« Il faut, disait-il, dans une grande maison d'éducation, un ou deux hommes éminents. La jeunesse a besoin de voir de près le beau. Rebelle, trop souvent, à la règle, à la raison, elle ne sait pas résister à l'éclat, à la grandeur. Quant au corps des professeurs, que voulez-vous qu'il fasse de la supériorité d'esprit, de l'immensité de la science ? Nos meilleurs professeurs, nos professeurs remarqués, ceux qui ont laissé trace dans la maison, étaient des hommes de bon sens. Ils avaient de la clarté dans la parole, de la suite dans leur méthode, ils savaient ce qu'ils enseignaient. Ils n'aspiraient pas à monter à une classe supérieure, ils faisaient, chaque année, avec plus de succès, leur classe.

« Les grades sont, dans l'Université, un moyen excellent pour stimuler les jeunes professeurs. J'admire le degré de science où arrivent certains sujets de l'Ecole normale. Je veux un professeur gradué, car il nous faut bien ici de la science authentique. Mais qu'on exige des grades de tous nos professeurs : les voilà tous à l'étude, plus un seul à l'enseignement ; et tous gradués à l'ouverture de l'année prochaine, ils auront tous, avant sa fin, demandé leur congé. Tous ces docteurs et licenciés voudront la chaire de rhétorique, et, ne pouvant pas tous l'obtenir, rêveront les chaires de cathédrales. J'aime mieux mes professeurs qui ne rêvent rien que de faire la volonté de Dieu en demeurant là où les a mis leur Evêque. Ce qu'ils font, ce qu'ils voient, ce milieu dans lequel ils vivent, leur suffit, leur plaît. Un thème bien fait les ravit. Ils admirent l'élégance correcte de cette version. Ils vont partout répétant un joli vers latin. Ils passent toute leur journée du dimanche à corriger les compositions du vendredi, pour donner, sans faute, les places le lundi. Cet enfant qui sait toujours ses leçons, qui explique bien ses auteurs, qui lit bien, qui écoute bien, ils l'aiment ; ils s'en font un ami, et cette amitié sera, toute la vie, une de leurs plus chères joies. Si la classe ne marche pas, ils s'attristent ; ils se demandent si ce n'est pas leur faute ; ils consultent leurs confrères, leur Supérieur, le bon Dieu ; ils demandent au besoin des miracles ; et ils finissent par obtenir, je l'ai vu, par des miracles de patience, et de dévoûment, des miracles d'application et de progrès. — Enfants, vous chercherez le génie, un jour ; Dieu vous le fera trouver s'il le faut ; vous serez des génies vous-mêmes, et je vous le souhaite, pourvu que vous soyez de bons génies. Enfants, la science, pour éclairer et conduire le monde, allume de grands feux sur les hauteurs : saluons ensemble ces phares glorieux ! En attendant, dans ce petit monde où vous êtes, que vous êtes, pour vous faire briller, vos maîtres et moi, nous avons résolu de demeurer modestes. Notre simplicité fera notre lumière : *Si oculus fuerit simplex, totum corpus lucidum erit.* »

Tous d'ailleurs, ici, savent ce que M. Desal a fait pour maintenir très-haut, à Felletin, le niveau des études. Nul n'inventa plus de moyens pour désoler les paresseux. Le travail — tant vous lui aviez, enfants, donné satisfaction sur tout le reste ! — finit par être la condition unique mise par lui aux promenades du mardi. Quelle solennité dans les examens du trimestre, et dans la proclamation des notes qui les suivait ! Enfin vous l'avez vu, dans ces dernières années, tout courbé sous la maladie, se rendre dans vos classes pour ces visites de quinzaine dont il s'était fait un rigoureux devoir, parce qu'elles étaient d'un grand profit pour vous.

VII

Quel est donc le mode de recrutement des professeurs dans les Petits-Séminaires, puisqu'on n'exige pas qu'ils soient docteurs, ni licenciés, ni même tous bacheliers ?

— Ici encore la simplicité opère mieux, ce me semble, que la plus savante combinaison. Les Supérieurs demandent à Mgr l'Évêque, parmi les prêtres de chaque ordination, ceux qu'ils ont élevés eux-mêmes dans leurs maisons.

Ils les notèrent de bonne heure parmi les plus pieux, les plus intelligents, les meilleurs. Ils savent qu'ils n'ont laissé que de purs souvenirs. Leurs noms retentirent, durant huit ou neuf ans, dans toutes les distributions de prix. Jeunes prêtres, ils reviendront avec joie diriger et bénir, là où ils furent, enfants, dirigés et bénis; ils reviendront, les égaux désormais de leurs anciens maîtres, profiter de leur vieille expérience, mêler avec transport dans le courant des traditions antiques, vénérées, non-seulement leur jeune ardeur, mais ces éléments nouveaux que chaque génération apporte avec elle. Et ainsi, dans chaque maison, toujours la même, et pourtant toujours renouvelée, se perpétuera la vie.

M. le Supérieur de Felletin a, plus d'une fois, partagé avec ses deux collègues du Dorat et d'Ajain, le regret très-vif d'importuner leur digne Évêque, en se montrant exigeants sur le choix des professeurs, en vous demandant ces jeunes prêtres que d'autres réclamaient aussi comme les meilleurs sujets de leur cours. Au fond, vous pardonniez bien vite, car vous aimiez, dans chaque chef de service, le zèle de faire excellemment son œuvre.

Ici d'ailleurs la question du professorat se présentait à Vos Grandeurs, sous un aspect dont, tout d'abord et mieux que personne, elles avaient saisi l'immense portée. On est bien pieux, bien ardent, on sait bien ses traités de théologie quand on sort de ce séminaire, où vous nous avez donné pour maîtres ces vénérables et à jamais aimés prêtres de Saint-Sulpice ; mais on est bien jeune pour écouter, pour conduire les âmes, pour discerner les esprits et les mouvements du cœur, pour asseoir à jamais la foi dans l'intelligence des fils d'un siècle sceptique, pour monter dans la chaire, et n'y porter que la substantielle doctrine, pour franchir des seuils ennemis, prévenus, indifférents, aussi bien que les seuils amis, et ne pas plus compromettre ici que là le divin sacerdoce, sel de la terre, lumière du monde… Oui, en vérité, vingt-cinq ans, c'est bien jeune !… — C'est bien jeune surtout pour la piété, pour le talent, si le prêtre porte au front ces deux séduisantes auréoles ! Une piété de vingt-cinq ans, un talent de vingt-cinq ans, cela est demandé beaucoup, cela se donne sans mesure ; et demandé sans relâche, et donné sans réserve, sans qu'on puisse prendre le temps d'entretenir le double trésor, cela bien vite est dépensé.

Plusieurs sans doute ont vu le péril et ont pu s'y soustraire. L'histoire de l'Eglise est pleine de prêtres pieux, doctes, éloquents, dès leur début dans la carrière, et croissant toujours en doctrine et en sainteté. Nous avons sous les yeux des prodiges de succès précoces continués et accrus par des prodiges de modestie, de prudence et de travail. Mais heureux, Monseigneur, ceux qui, se défiant de la joie de se sentir, jeunes, ardents, enthousiastes, sur les grands théâtres de l'action sacerdotale, re-

çurent avec reconnaissance la faveur que vous leur of-
frîtes d'un second noviciat, dans vos Petits Séminaires !
Là, tout est moins éclatant sans doute, mais comme tout
est mieux à la taille ! Là, c'est encore, presque comme
dans le vénéré séminaire, la retraite, le travail à heures
fixes, le lever matinal, une règle sage, une autorité
présente, incontestée ! Là, c'est le Saint-Sacrement dans
la chapelle, dans la maison ; ce sont, partout, les chères
images de Marie et des saints ! Là, c'est la confession,
la direction même, facile, à notre portée ; c'est le bréviaire dit en commun. Là, ce sont toutes les études reprises, reprises avec le sérieux obligé quand on veut
enseigner aux autres. Là, pour la bonne volonté, la fa-
cilité d'entreprendre, de pousser loin des études spéciales. Là, deux demi-heures par jour, somme immense
à la fin de l'année, la solennelle lecture du réfectoire.
— Et cependant le sacerdoce s'exerce : les enfants sont
là qu'il faut catéchiser, prêcher, diriger, absoudre.
La parole s'exerce : il n'y a pas de lieu où il la
faille tant prodiguer ; c'est là qu'elle prend sa lucidité,
sa souplesse, sa grâce, sa vigueur, son éclat. — Et
faut-il parler des plaisirs ? Oui, certes, puisqu'il y a
obligation de proclamer les dons de Dieu, et que c'est
bien vous, mon Dieu, qui nous donnâtes tant de beaux
jours ! N'est-ce pas qu'aimer ensemble Dieu, Notre-Seigneur Jésus-Christ la sainte Eglise, ses héros, ses
grands serviteurs, c'était bien doux, ô mes plus vieux
amis ? N'est-ce pas que lire ensemble l'Évêque de Lan-
gres et l'Évêque de Tulle, c'était bien doux ? N'est-ce
pas que nous palpitions tous, comme l'auditoire de

Notre-Dame, quand l'un de nous lisait tout haut les conférences de Lacordaire? N'est-ce pas que, tous à la fois, nous sentîmes notre cœur bondir de fierté le jour où le fils des croisés, Montalembert, à vingt ans, défia les fils de Voltaire?... Quelques-uns des nôtres étaient savants: combien nous aimions leurs doctes entretiens ! Qu'il nous était doux surtout de recevoir de leur bouche les explications sur les faits scientifiques opposés en apparence aux saintes Écritures !... Et nos chers enfants! leurs progrès dans la piété, dans les études, tel excellent discours de celui-ci, les jolis vers de celui-là, leurs bons mots, leurs spirituelles espiègleries, quels sujets de conversations attrayantes !

Or quand, après cinq, dix, vingt ans de ce second noviciat, vous appelez, Monseigneur, un professeur aux fonctions du saint ministère, il est évidemment plus apte qu'un autre à les remplir. Il n'est plus si jeune, il est plus instruit. Il a commandé, dirigé, et pourtant obéi toujours. Il a enseigné beaucoup, appris bien davantage. C'est un prêtre définitivement régulier, sachant la nécessité de l'ordre et le prix du temps. Il a un titre considéré des foules : professeur ! Et dans la foule, plusieurs disent : « Il a été mon maître. Je lui dois ce que je sais, ce que je suis. Retrouver pour pasteur celui qui fut mon maître, qui fut aussi mon ami , car là-bas ils étaient nos amis, est un bonheur de ma vie. Je l'aimai ; je le vénère. Croire et faire ce qu'il dira me sera facile. Et vous, ma compagne, et vous, mes enfants, portez avec respect vos âmes à celui qui, de si bonne heure, connut la mienne et la forma. »

VIII

M. Desal aimait le commandement, cela se voyait dans toute sa personne. Un jour, au sortir d'une réunion de professeurs, où, comme toujours, on avait perdu du temps beaucoup, et de la charité un peu, il se promit de se passer désormais des assemblées délibérantes. Et, sauf dans certains cas graves, il a tenu parole. Aurais-je fait comme lui ? Je crois que non. Mais je me souviens que mes confrères et moi nous ne nous plaignîmes pas. Nous savions que notre Supérieur n'avait qu'un désir, celui de faire très-bien. Chacun de nous, dans sa spécialité, était consulté à part. Et, au fond, à la place de cette heure perdue une fois chaque semaine, nous avions, tous les samedis, et dans toutes les occasions importantes, ces petits bulletins, si respectueux, si clairs, si bien conçus, si pratiques, qui indiquaient à chacun son poste et sa fonction.

M. Desal avec sa nature nerveuse, un peu féminine, s'ouvrait vite à toutes les impressions, et malheureusement ne se débarrassait pas si vite des mauvaises ; nous savions tous, il ne les cachait point, ses antipathies. Eh bien ! — c'est là que nous avons le plus admiré l'honnête homme, le bon prêtre, le serviteur dévoué d'une grande cause, — chez cette belle âme, l'antipathie n'empêcha jamais l'estime, le respect, l'admiration. Sous ce chef, supérieur à lui-même au besoin, toute valeur fut prisée, toute grandeur fut assurée de recevoir et les plus éclatants hommages, et les postes où elle pouvait se déployer plus à l'aise. L'histoire a beaucoup honoré les monarques qui, au lieu de craindre les hommes supérieurs, les recherchaient ; et de là presque toujours sont venus les grands règnes ; et quand l'Ecriture parle des puissants qui seront, dans l'éternité, puissamment tourmentés, quelle puissance ne se demandera pas en tremblant si elle a fait valoir, ou si, par calcul, par effroi du mouvement et de la vie, elle n'a pas enfoui les talents que Dieu lui avait mis sous la main?

Elles ne seront pas pour vous les puissantes rigueurs, âme loyale, qui, pendant vingt-six ans, avez commandé ici, car vous avez dû arriver au tribunal de Dieu toute rayonnante du sentiment qui est l'état définitif des élus, l'admiration. Vous aviez la passion d'admirer. Et, après s'être enivré de toutes les grandeurs que Dieu, en nos jours, fit éclore dans son Eglise, du grand Pape, l'orgueil des catholiques, des grands Évêques qui combattent à ses côtés, des grands défenseurs de la foi, dans la chaire, dans la tribune, dans la presse, votre enthousiasme revenait, saintement inépuisable, encourager, exalter toute intelligence, toute bonne volonté qui, à vos côtés, levait la tête vers Dieu.

IX

Sur le fait de la diffusion des lumières, l'Église, fort calomniée par quelques-uns, par d'autres traitée de haut, sommée de concourir, et, au fond, malgré certains dehors, mise pas mal de côté, l'Église a eu le premier mot, et qu'on le sache bien, elle aura aussi le dernier.

Elle a eu le premier mot, car — c'est singulier que ce fait éclatant ne s'impose pas à tous les regards — elle est née école; lisez sa charte de fondation : « Va, et, jusqu'à la fin du monde, ENSEIGNE toutes les nations. »

On ne lui donne pas le glaive, on lui donne la parole. On ne lui permet pas de s'asseoir, eût-elle réuni, parmi les races privilégiées de la terre, deux, trois, quatre cent millions d'âmes; elle doit marcher : *euntes*, et cela sans trêve, sans fin : *usque ad consummationem sæculi*. Sur cet ordre très-beau et très-grand de marcher, quelques-uns se font des chimères et la gourmandent de ce qu'elle ne le comprend pas comme eux. Elle répond que c'est son affaire; que l'homme a beaucoup de voies; qu'elle l'y suit plus ou moins, selon ses convenances; qu'en la taquinant là-dessus on s'expose à s'entendre dire par elle ce que, dans un jour de très-légitime impatience, elle dit à Galilée : Laissez-moi donc tranquille!

Mais l'homme a beau augmenter, agrandir, aplanir ses voies, il faut qu'il les fasse converger vers sa voie, la côtoyer, s'y fondre, car elle seule a la voie royale, définitive, la voie du salut éternel. L'Église a conscience de cela; et l'univers est témoin qu'après avoir tenu école ouverte dans des temps où nul ne songeait à instruire, aujourd'hui que tout le monde s'en mêle, elle poursuit sa fonction de manière à désespérer toute concurrence, et aussi, heureusement, à remplir les lacunes

que la bonne volonté humaine laissera toujours fatale-
ment subsister. En un mot, à un certain monde, qui a
l'air de nous trouver rebelles à l'endroit de l'instruction
gratuite et obligatoire, l'Eglise répond : « Pour ce que
vous tirez de votre fonds, cela vous regarde ; pour ce
que j'ai, moi, à enseigner, et qui n'est pas peu, regar-
dez-moi faire ; vous aurez là, pour longtemps, des
exemples à prendre, pour tout le temps que, par le
plus grand des crimes, et par la plus odieuse des con-
tradictions, vous n'aurez pas mis, vous-mêmes, des
entraves à mon zèle. »

On pourra trouver ce langage bien fier ; mais personne, en contemplant l'œuvre des catéchismes et
l'œuvre des missions, toutes deux, la plus près de nous
comme la lointaine, héroïques et grandioses, ne le
taxera d'exagération.

C'est la belle loi du monde que l'amour est la force
première et supérieure ; et l'humanité sait que Dieu,
avant tout, regarde en elle son cœur : *Deus autem in-
tuetur cor.* Or, l'Église, après les grands efforts des
sociétés civiles en faveur de l'instruction publique,
ayant mis, de son côté la main à l'œuvre, il s'est
trouvé que, par cela seul qu'elle est bonne, qu'elle est
mère, elle a fait mieux et est allée plus avant que personne. Prouvons-le en continuant d'étudier sa création
moderne des Petits-Séminaires.

X

On a donné comme type du collége le régiment.

Pour notre compte, nous ne prisons pas peu cette forte
école, où, comme dans nos monastères, tout se fait à
heure fixe, avec ensemble, sous l'autorité d'une règle
commune. Nous ne concevons pas une grande réunion
d'êtres humains, sans une ferme discipline, sans chefs
obéis, et obéissant eux-mêmes. Dans ces milliers de
globes qui peuplent l'étendue, dans la sainte Eglise patrie de nos âmes, dans les hiérarchies des innombrables
anges, l'ordre éclate comme condition de vie, de beauté.
Grâces à Dieu, l'ordre est en grand honneur chez nous.
Vous savez, bien-aimés confrères, quel cas en a fait
notre intelligent Supérieur. Si son impressionnable nature l'a parfois porté à quelques répressions trop vives,
il en sentait bien vite le regret ; mais un fait est demeuré notoire, quarante-trois ans au collége, c'est que
là où était M. Desal, l'ordre le plus parfait régnait. Un
type très-recherché par lui, et loué presque sans mesure, était un maître d'étude obtenant constamment le
silence et le travail, et arrivant, sans trop de punitions,
sans le moindre petit drame, à la fin de l'année. Vous
vous rappelez l'insistance avec laquelle il nous demandait qu'à chaque exercice nous fussions tous à notre
poste avant les élèves, moyen infaillible, disait-il, de
prévenir tout désordre et de bien commencer. Si nous
nous permettions, presque tous, d'arriver un peu tard
au réfectoire, c'est que nous nous disions : M. le Supérieur y est. Et là, quelle surveillance il exerçait sur
toutes les tables, et sur les moindres détails ! Au moment où chaque division partait pour la promenade,
où, pour monter aux dortoirs, chaque groupe se ran-

geait dans l'ordre simple qu'il avait dès longtemps établi, il y était toujours. Ne le voyez-vous pas, d'ici, en hiver, grelottant de froid? et c'est au signal donné par lui que les rangs silencieux se mettaient en marche.

On le voit, nous ne dédaignons pas le type populaire en France de l'ordre et de la discipline. Mais, en fait d'éducation, le type évident, le type éternel, c'est la famille. En sorte que, un collége parfait, ce serait la famille reproduite, continuée.

M. Desal est mort avec le regret d'avoir vu l'opinion publique passer inattentive devant ce fait, que ce beau type de la famille, les Petits-Séminaires, par des circonstances particulières, par une bénédiction réservée de Dieu, le reproduisaient presque dans sa perfection.

Cela fut-il vrai de Felletin? Nous tous, jeunes, impatients, absolus, rigides, excessifs, et vous-même, notre ardent et fier maître, fûmes-nous dignes de représenter aux yeux du monde ce type supérieur et achevé?... Si je laissais tomber de cette chaire un oui superbe, vous, les vivants, vous baisseriez les yeux de honte; et vous, chère âme, vous me rappelleriez ces entretiens intimes, où la plus grande place, peut-être, était donnée à la douleur de voir l'imperfection humaine tant mêlée aux plus belles œuvres de Dieu. Mais, je le répète, vous avez quitté la terre avec le regret d'avoir vu méconnaître une œuvre que, malgré nos fautes, Dieu avait faite admirable.

Qu'un collége chrétien représente la famille, cela se voit dès qu'on regarde. Un père laisse, et il a raison, une certaine liberté à ses enfants, parce qu'il sent que

leur âme façonnée sur la sienne, nourrie des mêmes
éléments, n'a, sauf des exceptions tirées de l'âge, que
des tendances à peu près semblables aux siennes.
Vivant toujours avec lui, partageant ses impressions,
ses sentiments, ses convictions, mêlés à ses joies et à
ses douleurs, ne connaissant que des êtres qui l'aiment,
n'ayant pas d'autres intérêts que les siens, ils ne sauraient avoir un besoin continu d'être tenus en suspicion,
d'être gardés à vue.

Une école ecclésiastique, c'est, entre élèves et maîtres, la communauté de vie. Les maîtres n'ont point
d'autre foyer ; cette maison, c'est bien chez eux ; ces
enfants sont bien leur famille. On se lève ensemble, on
travaille ensemble, on mange ensemble, on se récrée
ensemble, on prie ensemble. Il y a ici le grand Maître,
sous l'autorité duquel tous, les pères un peu plus souvent que les enfants, plient le genou, courbent la tête,
se frappent la poitrine. Enfants, craignez Dieu comme
vos pères ; mais, comme vos pères aussi, ayant Dieu
pour témoin, soyez libres. Voici la belle saison, un beau
ciel, et c'est jeudi. On part pour la promenade. Fran-
chissons en rang les rues de la ville... Une fois sur la
route, qu'on marche avec ensemble, mais que les
groupes se forment au gré des amitiés... Assez de la
route poudreuse, la vallée nous appelle avec ses arbres
et leur ombre, avec sa pelouse verte, avec sa rivière
sans gouffres, vous êtes chez vous... Et le volage essaim
bondit, s'épand, envahit l'espace. La vallée, sans
doute, s'étend à droite et à gauche, mais Dieu n'est-il
pas dans cette étendue ? Et, son bréviaire à la main, le

prêtre n'est-il pas là, au sommet de la colline, sur une roche, où tous peuvent voir, et, tentés, ne sauraient manquer de regarder ce député du Dieu vivant?

XI

Dans les États libres, la parole joue un grand rôle. Quand notre siècle, ami de la parole, y voudra regarder, il s'étonnera d'avoir si longtemps passé dédaigneux devant ces institutions ecclésiastiques, où, comme instrument de règne, la parole occupe la première place. Pour m'en tenir, Monseigneur, aux établissements de votre diocèse, ce fut le fait éclatant du Petit-Séminaire du Dorat, tout le temps qu'il eut l'honneur de posséder M. l'abbé Berteaud, aujourd'hui Évêque de Tulle. Ç'a été quarante-trois ans, à un degré fort inférieur sans doute, le fait du Petit-Séminaire de Felletin. Et c'est ici, n'est-ce pas, chers enfants, et vous, mes confrères, et vous, religieuse population de la ville, c'est ici que vous m'attendez, vous tous qui savez comme moi ce noble aspect de la vie que je m'essaie à rappeler devant vous!

Mon amitié n'exagérera rien, elle ne fera pas de M. Desal un grand orateur. Si par nature il aimait les sommets, si par le vol de sa foi il les gagnait et s'y asseyait avec aisance, on ne peut pas dire que, contre une vigoureuse attaque, sa science, la promptitude de son coup de main eussent pu l'y maintenir. Il n'aspira jamais, vous le savez, à monter dans les chaires célèbres, à emporter d'assaut des auditoires cantonnés dans un savant scepticisme; mais, doué d'une sensibilité rare, d'une très-poétique imagination, M. le Supérieur fut éloquent.

Les anciens avaient dit : l'éloquence vient du cœur, *pectus est quod disertos facit :* comment n'eût-il pas été éloquent dans la direction de son œuvre, lui qui l'aima tant, lui qui n'aima qu'elle? Celui qui saura ce qu'était l'éducation dans l'esprit de M. Desal, ce qu'elle lui inspirait de respect, la place de jour en jour plus envahissante qu'elle occupa dans ses méditations, dans ses prières; celui qui aura vu l'ardeur avec laquelle il en poursuivait tous les progrès, ses vifs enthousiasmes pour les hommes éminents voués, comme lui, à la jeunesse, ses chaudes indignations contre les trafiquants de grammaire; quiconque a vu ses tristesses quand les études, la discipline, la piété faiblissaient dans sa maison, sa joie rayonnante un jour de fête où, le matin, ses enfants avaient communié, et le soir, par les notes de classe, mérité le congé; quiconque a vu son instinctive horreur pour les caractères bas et faux, et ce que, jusqu'à la fin de sa vie, un noble enfant, une âme pure et fière lui donna d'admiration; celui-là seul concevra quelle action M. l'abbé Desal exerça par la parole.

Une fois chaque semaine, plus souvent quand il le fallait, il montait dans la chaire du maître d'étude, chez les grands ou chez les petits, et là, avec quelle infinie variété de tons il causait! Quelquefois, sévère, menaçant, le plus souvent calme, aisé, familier, bon, touchant, parfois fin, spirituel, enjoué, doucement railleur, il déjouait les vilaines machinations, il foudroyait le mauvais esprit, il secouait la torpeur, il excitait les saintes flammes, il mettait à leur place les sots importants, il criait gare aux forts, oppresseurs des timides, il débusquait ces mauvais mots qui font rire de la sagesse, du travail, de la règle, des maîtres, il versait à pleines mains des fleurs sur ces trois saintes maternités : la famille, la patrie, l'Église.

Les externes furent, sous ce rapport, plus favorisés peut-être que les pensionnaires. M. le Supérieur les voyait deux fois par semaine. Et je montrerai toute la puissance de sa parole en disant que cet élément si rebelle, si fuyant, si dispersé des externes, M. Desal, par ses familiers entretiens, en fit à Felletin quelque chose d'aussi régulier, d'aussi studieux, d'aussi pieux que le pensionnat le mieux discipliné.

La porte de M. le Supérieur, toujours ouverte, voyait trois, quatre, dix fois par jour, des élèves venir lui parler. On n'était pas admis à réclamer contre les punitions. Une fois, pourtant, licence fut donnée. M. le Supérieur, écoutant la pauvre victime de *la prévention*, de *l'injustice*, de *la tyrannie*, par cela seul, la calma. La punition se devait faire, pourtant, à moins que le professeur n'avisât. Or, visité lui-même par M. le Supérieur, le professeur fit appeler l'enfant, et, après quelques franches explications, supprima la peine.

C'étaient quelquefois les professeurs qui, tous ensemble, se plaignaient des élèves, du mauvais esprit, de la paresse générale. On avait surpris de mauvais livres, on avait des inquiétudes sur les mœurs, des grands, en promenade, s'étaient écartés, ils avaient fumé. Vous vous rappelez, chers confrères, devant les communications de cette sorte, les premiers mouvements de notre Supérieur; c'étaient de l'impatience, quelques reproches, et il n'est pas sûr que nous ne les eussions pas mérités. Puis, comme au fond il savait mieux que nous l'état des choses, il se recueillait; et nous étions sûrs de voir nos tristesses, nos alarmes prendre dans sa personne leur expression la plus vraie, la plus sérieuse, et, grâce à son éloquence, la plus dramatique.

C'était un grand assaut à livrer. Mais M. Desal aimait la lutte; et c'est là, vraiment, qu'il était beau.

Vous revoyez ici cette fameuse retraite de 1849.

Les enfants, jusque dans leurs colléges, s'agitaient sous le souffle orageux de la récente révolution. Felletin lui-même avait perdu son calme. De l'esprit d'indépendance, des murmures contre le régime, les études, les maîtres en étaient facilement venus à bout d'autres fois. Mais le désordre se compliquait d'un mal nouveau : les mœurs, comme il arrive toujours, allaient être atteintes par suite de la licence extrême des esprits.

Or, M. Desal avait un saint orgueil, celui de savoir que son collége méritait le titre de COLLÉGE CHASTE, qu'un de ses fils reconnaissant lui décerna un jour. Il ne se troubla pas, il ne se déconcerta pas; à la vue du péril, il s'éprit d'une tendresse plus passionnée pour ces chères âmes d'enfants, et il se dit : « Je les sauverai! » Je n'étais déjà plus parmi vous, Messieurs. Il m'écrivit : « Je vais prêcher moi-même cette année la retraite. Dans la crise que traversent nos enfants, il faut une âme qui les connaisse à fond ; il faut une parole toute à eux, toute pour eux, née ici même de leurs périls et de nos alarmes. Je les aime trop pour confier à qui que ce soit le soin de les sauver. Priez pour eux, pour moi, faites prier les communautés et les âmes pieuses. »

Et, frêle, malade, comme toujours, plus malade même qu'à l'ordinaire, il prêcha cette retraite ; il la prêcha tout seul, prêchant et confessant du matin au soir. Vous m'écrivîtes alors, Messieurs. J'ai gardé cette lettre, — ou plutôt ce volume, elle était longue. C'était un cri d'enthousiasme d'abord, une sorte d'hymne d'amour, de reconnaissance, d'orgueil, puis des effusions envers Dieu, auteur de tout don parfait, de l'éloquence, le plus parfait des dons ; des remercîments à la très-sainte Vierge, patronne de la maison ; c'était enfin, et surtout, l'analyse de ces sermons, que le cœur du prêtre, du père, avait conçus.

Vous vous rappelez tous les fruits de cette retraite. Jamais la grâce de Dieu n'aida plus visiblement un noble effort humain. La conversion fut éclatante et générale, et cette année 1849 s'inscrivit dans les annales du collége comme une année de bénédictions, sous le rapport de la piété, des mœurs et du travail.

XII

M. le Supérieur, éloquent toujours, devait, étant donnée son âme, l'être plus que jamais le jour où nous lui
souhaitions sa fête. Ce soir-là, de tradition, nous attendions une allocution émouvante ; elle ne manqua jamais.
Nous étions là tous, les maîtres, les anciens élèves, les
vieux amis venus de loin, — les *revenants*, comme on dit
ici, — les amis de la ville et des environs, quelques parents, la classe des petits pauvres, cette jolie création
de la Conférence de Saint-Vincent de Paul, la musique, enfin vous tous, enfants. Il arrivait. Vos *vivat*
ébranlaient la salle. Sur l'estrade élégante que vous lui
aviez dressée, il montait vivement, s'asseyait avec aisance ; deux d'entre vous, les deux plus petits, lui présentaient, dans une corbeille ornée, une boîte de bonbons et des fleurs, seuls cadeaux de fête que M. le Supérieur de Felletin ait jamais voulu recevoir de son
collége ; la musique éclatait ; et puis, chantant, lisant,
récitant en prose, en vers, sous forme de dialogue, de
drame, vous lui disiez vos compliments. Il avait tout
entendu, tout compris, tout retenu ; on le voyait bien
quand, debout, la main appuyée sur la table, il répondait. Sa parole, très-émue, était souple, gracieuse,
abondante, éclatante. Elle monta souvent très-haut.
C'est que, avec son admirable sens chrétien, il se plaçait sur un terrain très-large et très-beau. Il faut rappeler ici, pour la gloire de Dieu et de son fidèle servi-

teur, le thème ordinaire de ces brillantes allocutions. Il disait :

« Vous faites bien, enfants, d'apporter ici des fleurs et des chants. Vous avez raison d'être ici aimables, spirituels, éloquents. Cette musique vibrante, c'est bien! Ce cri : Vive M. le Supérieur! qui vient d'ébranler cette salle, ébranlera tout demain vos cours. Et quand, après demain, vous l'aurez redit à travers la ville, vous le répéterez sous les ombrages connus de notre Villefort. Et le soir, peut-être, — cela s'est vu,— une de vos divisions, massée sur le plus haut rocher de la montagne, d'une voix formidable, jettera ce cri au soleil, qui là-bas se couche dans la pourpre et l'or. Oui, enfants, vous faites bien, car ils sont revenus pour vous voir faire, pour faire comme vous, vos maîtres, vos parents, ces vieux amis. Vous faites bien, car vous acclamez de grandes et saintes choses. — Le collége, c'est la famille; le Supérieur, c'est le père. O fils, — petits enfants, fleurs d'innocence, fleurs d'espoir, — adolescents glorieux et couronnés, orgueil du nom et du foyer, — jeunes lutteurs, malheureux et trahis, objets plus que jamais d'un amour attendri, jeunes hommes, un jour coupables, et repentants et pardonnés, — à tout âge, en toute heure, ô fils, saluez et acclamez votre père! — Le collége, c'est la patrie; le Supérieur, c'est l'autorité. Enfants, que vos cris superbes apprennent au monde que nulle patrie n'est aimée comme la France; que, sur un mot de ses chefs, pour qu'elle vive, la plus grande, la meilleure, la plus libre des patries, vous saurez tous mourir. — Le collége, c'est l'Église; le Supérieur, c'est la sainte hiérarchie. Enfants, vous acclamez l'Eglise, vous acclamez l'humanité, vous acclamez l'éternité! Gagnez donc la montagne, et, de ses plus hautes cimes, faites dire à tous les échos vos respects, vos amours, et, qu'en s'en allant, le soleil les porte à d'autres mondes (1)! »

(1) Ces pensées se reproduisaient tout naturellement dans les chansons du lendemain. Voici les couplets qui furent chantés, en 1854, durant la glorieuse campagne de Crimée :

Juillet, quelques jours avant les vacances.

LES BRISES

A Villefort, congé de la fête de M. le Supérieur.

I

PROLOGUE.

VOIX D'UN ENFANT

Brises, charmantes messagères,
Filles de l'azur et des eaux,
Que chantez-vous dans les fougères?
Que rêvez-vous dans les bouleaux?
Sous ce ciel, incendie immense,
Les oiseaux ont fait comme nous :
A l'ombre ils gardent le silence,
Mais parlez-moi, parlez-moi, vous!...

II

VOIX DES BRISES

— Heureux l'enfant qui nous appelle.
Hôtes du ciel nous en parlons :
Un peu d'harmonie éternelle
Erre avec nous dans les vallons.
Le Dieu que chantent les étoiles
Vous ouvre, par nous, leurs concerts :
Notre souffle emporte les voiles
Et le grand nom remplit les airs.

XIII

Le gouvernement par la parole ! Je ne saurais nommer cette noble constitution de nos Petits-Séminaires sans me rappeler une foule de traits, tous charmants, tous de la plus haute et de la plus douce inspiration. Ils abondent dans la vie de M. Desal. Je n'en citerai qu'un :

Un élève eut un jour le malheur d'envoyer à l'adresse d'un camarade, étudiant dans un autre collége, une lettre détestable. C'était, sauf une ligne, des propos vilains, indignes. Saisie au lieu de sa destination, cette lettre fut renvoyée au lieu d'où elle venait. M. le Supérieur fut foudroyé. C'était bien dans sa maison qu'a-

III

Puis nous glissons sur la nature,
Et nous prenons, dans notre vol,
Aux océans leur long murmure,
Aux bois les chants du rossignol.
Au proscrit qui souffre et qui pleure
— Car, enfants, l'exil fait bien mal !
La branche que notre aile effleure
Chante un air du hameau natal.

IV

Quand nous passions, toutes vos mères
Nous envoyaient dans un soupir
Un mot pour vous : « Brises légères,
« Portez-leur notre souvenir ! »
Nous reviendrons où l'on vous aime,
A l'heure où l'on prie à genoux,
Leur rapporter : « Ils font de même.
« Mères, vos fils pensent à vous. »

vaient été écrites ces sottes et abominables choses. Pas toutes abominables, pourtant..., car, au milieu de ces vilenies, comme une perle dans de la fange, une phrase se détachait, où, chose étrange! dans une forme chrétienne, pieuse même, palpitait un bon mouvement de cœur. Avec son tact exquis, son habitude des bizarreries écolières, M. le Supérieur ne voulut bientôt plus voir que cette phrase, et il se dit : je ne chasserai pas cet enfant. Puis, dans une soudaine inspiration, il va à l'étude des grands et occupe la chaire du maître d'étude qui sort. Là, très-froid, très-calme, il lit cette lettre, et ajoute : « Mes enfants, ces impertinences contre des prêtres, mes collègues, mes amis, vos maîtres, ont été écrites de notre collége de Felletin. La lettre est signée : je connais donc un grand coupable ;

V

Enfants, là-bas la guerre gronde.
Le sang de vos frères, demain,
Fera reverdir, eau féconde,
La liberté du genre humain.
Aux bords que le canon déchire,
Si, le soir, on parlait de vous,
N'est-ce pas que nous pourrions dire :
« Faites signe : ils accourent tous? »

VI

Vous allez partir... lui demeure,
Quand, le front ceint de verts lauriers,
Vous irez au signal de l'heure
Qui vous rappelle à vos foyers.
Mais, pour lui, des meilleurs messages
Vous nous chargerez chaque soir :
« Tes fils sont grands, car ils sont sages...
Et tous te disent : Au revoir! »

je le plains d'avoir mérité l'effroyable punition qu'il subit en ce moment. » Tout le monde baissait la tête ; la classe sonna. M. le Supérieur, en récitant le *Sub tuum*, voulut que la douce prière fût dite pour l'auteur de la lettre. Mais les élèves étaient indignés. A la récréation qui suivit, on s'entendit, et une députation fut chargée de venir supplier que justice fût faite. — « Votre condisciple vous a devancés ; il est venu me demander à sortir de la maison. Mais sa mère, que je connais, qui est une sainte, mourrait de chagrin... mais votre malheureux condisciple était là, à genoux, et pleurant. Je l'ai relevé, je lui ai ordonné d'oublier, je vous l'ordonne à vous. Je veux qu'il soit le plus sage de la maison ; il le sera. »

Si l'enfant d'alors est encore de ce monde, homme aujourd'hui, il lira peut-être ce récit. Puisse-t-il y trouver, avec le souvenir de sa mère, si visiblement empreint dans une ligne bienheureuse, un sentiment plus marqué de reconnaissance pour le prêtre qui sut, dans une faute d'enfant, discerner le ressort caché mais puissant qui, pour jamais sans doute, en a fait un honnête homme !

XIV

Sur une question de la vie des pensionnats (1), tout à fait secondaire, et pourtant fort débattue, résolue dans un sens négatif par des autorités vénérables, M. Desal s'était, avec d'autres autorités non moins vénérables,

____

(1) Cette question, faut-il le faire observer, est de celles qui n'ont pu être traitées en chaire avec les développements qu'on leur donne ici.

prononcé dans le sens affirmatif. Il s'occupait, avec un intérêt visible, de composer, d'arranger surtout de petites pièces de théâtre, et d'en préparer la représentation. Prêtre pieux et austère comme pas un, il eût bien volontiers demandé à ses plus saints contradicteurs la permission de plaider son point de vue et sa pratique.

Il faisait une première remarque : c'est que les opposants, en général, avaient peu personnellement pratiqué la jeunesse. Dans cet inconnu, l'idée de théâtre au milieu de la piété, de l'innocence, de la gravité chrétienne, se présentait comme une monstruosité.

Notre Supérieur ne put jamais se rendre compte de cet effroi. Elève d'un Petit-Séminaire où, sous la plus sainte des directions, il avait vu les jeux scéniques se produire, sans le moindre désordre, et à la très-grande joie de tous, approuvé par tous les vénérables Évêques qui avaient gouverné son diocèse, il se sentait, catholiquement parlant, fort à l'aise. Puis demandant qu'on voulût bien laisser un moment la parole à sa vieille expérience, il disait : « L'homme est très-complexe : bien plus complexe est une assemblée d'hommes. Une maison d'éducation doit, avant tout, prendre de l'espace ; il en faut tant pour laisser se produire, — chose indispensable, — les aspects si multiples de l'homme et d'un groupe d'hommes. Faisons donc bien larges nos domaines, ces champs où doivent respirer et vivre nos enfants ; mettons-y tout ce qui est honnête, grand et beau. Donnons pour la piété tout ce qui doit faire des saints. Donnons pour le travail tout ce qui doit mettre de grandes capacités au service de la société. Donnons à leurs délassements de l'entrain, de la variété, de la grâce, de la distinction. Nous avons trouvé dans ce vieux collége l'usage des jeux scéniques ; ne le supprimons pas. C'est, de toutes les récompenses promises, celle qui obtient d'eux les plus incroyables efforts. C'est un moyen de leur dire, de nous dire à nous tous, des choses qui n'ont pas leur place ailleurs. Là tombent, sous la faux d'une parole, libre parce qu'elle ne s'adresse à personne, tout un fouillis d'incivilités, de gaucheries, de maladresses. De saintes religieuses ont fait des pièces de théâtre. Le moyen âge les a jouées à sa grande édification, et aussi à sa grande joie. Nous ferons des pièces chrétiennes ; et notre théâtre, même quand il essaiera de faire rire, sera, jusque dans les moindres détails, de la plus inexorable sévérité. — On dit : Le théâtre du collége donne le goût des théâtres du monde. — Le goût du théâtre est inné, universel. Si quelques-uns échappent à la séduction, ce sont les enfants qui, élevés dans les colléges chrétiens, ont fait de la douce et forte religion qu'ils y apprirent, la chère règle de leur vie.— On dit : Vous faites naître des vocations de comédiens. — Nous découvrons, nous développons de belles facultés qui fussent demeurées enfouies, des facultés oratoires, par exemple. Nous donnons aux enfants de l'aisance, du naturel, de la noblesse. Où est le Petit-Séminaire qui a donné des comédiens aux théâtres? Nous connaissons, nous, tous nos anciens *acteurs* célèbres. Ils sont aujourd'hui ou d'ardents missionnaires, ou d'ingénieux catéchistes, ou simplement des chrétiens pas trop gauches. Je pourrais montrer du doigt, ici

même, un des nôtres, éminent en science, en piété
surtout. Il fut populaire autrefois par la verve finé de
ses rôles d'espiègle. »

M. Desal, un jour, sur ce sujet, nous apporta un argument qui doit trouver sa place ici. Lecteur de l'*Univers*, il n'ignorait pas le parti pris de ce vaillant journal
contre le théâtre au collége. Honoré, dans mainte
occasion, de témoignages bienveillants de la part de
M. Louis Veuillot, il en était très-fier; et il eut, un moment, l'espoir de posséder en vacances, à Villefort,
notre grand polémiste chrétien. Il nous dit donc : « Je
veux en avoir le cœur net avec M. Louis Veuillot. Je
me ferai battre; car, qui peut se heurter sans être brisé
contre cette robuste raison? Mais j'aurai tiré du grand
écrivain une preuve nouvelle. Nous voilà donc à Villefort, lui, vous et moi, assis à l'ombre des hêtres, et je
lui parle ainsi : « Vous auriez pu naître dans ce dio-
« cèse, avoir la vocation ecclésiastique. Vous avez
« vingt-cinq ans, vous venez d'être ordonné prêtre à
« Limoges, Mgr l'évêque vous nomme professeur à
« Felletin, professeur de sixième, hélas! car toutes les
« autres chaires sont occupées, et, en ce pays de sim-
« plicité, ainsi vont les choses. Tous, dès que nous
« vous connaissons, nous avons honte d'être, en grade,
« au-dessus de vous; mais, en possession d'un talent
« si beau, nous nous promettons bien de l'exploiter.
« Une occasion se présente : Mgr l'Évêque doit visiter
« le Petit-Séminaire. On vous demande quelque chose.
« Vous écrivez un petit discours. Bientôt, c'est le pre-
« mier de l'an : on vous demande quelque chose en-

« core. Vous faites un petit poëme. Voici venir le tri-
« mestre, la lecture solennelle des notes, la distribution
« des couronnes ; c'est, d'ailleurs, la Saint-François de
« Sales, la grande fête d'hiver du collége. En cette fête,
« de temps immémorial, on a dressé les vieux tréteaux,
« ajusté les coulisses et les toiles, joué une comédie.
« Tous les notables de la ville, les descendants des
« chrétiens généreux qui, il y a trois siècles, fondèrent
« de leurs deniers ce collége, tous ces messieurs tien-
« nent à venir passer dans la salle du collége une
« agréable soirée. Les élèves, un mois à l'avance, à
« l'instigation de vos confrères, ont été vous deman-
« der une pièce ; ils vous l'ont si ardemment, si gen-
« timent demandée ! Vous l'avez faite, ils l'ont ap-
« prise, on la joue. Enfin, c'est la fête de M. le Supé-
« rieur. Là aussi, de tout temps, on s'est amusé.
« Voulez-vous, vous qui leur avez donné le goût des
« amusements exquis, voulez-vous les priver de leur
« joie traditionnelle, attrister les vieux amis du col-
« lége, qui remarqueront une lacune inconnue aux an-
« ciens âges ? Et d'ailleurs, la pièce jouée à la fête de
« M. le Supérieur se répétera le jour de la distribution
« des prix, devant Monseigneur, devant un public
« nombreux ; c'est une éclatante occasion de faire en-
« tendre de nobles paroles, de faire revivre dans sa
« gloire quelque héros, quelque martyr chrétien. —
« Vous n'auriez pas résisté ; vous auriez mis votre ta-
« lent au service des vieilles traditions du collége. —
« Puis, bien vite, bien vite, en très-peu d'années, car
« tout le monde se hâte de faire votre place, vous êtes

« professeur de rhétorique. Et là, sans nulle provoca-
« tion désormais, par le seul fait d'occuper le poste
« auquel, de tradition, est dévolu ce travail, vous
« faites, chaque année, deux ou trois drames pour le
« collége. Or, comme Mgr l'Évêque de Limoges aime
« son Petit-Séminaire de Felletin, comme il voit l'écla-
« tant relief que vous lui donnez, le bien incalculable
« que vous faites aux enfants et à la contrée, il vous y
« laisse vingt ans. Dans le monde, on trouverait que
« c'est trop. Vous, prêtre pieux, vous ne vous trouvez
« nulle part mieux que là où votre Évêque vous laisse.
« Vous continuez de faire admirablement votre classe,
« de diriger très-fortement le cœur et l'esprit des en-
« fants; vous avez quelques occasions de prêcher, et
« vous écrivez des sermons très-éloquents. Vous êtes
« chargé des conférences : vous publierez un jour de
« beaux volumes d'exposition chrétienne. Mais, tou-
« jours pour récréer vos chers enfants, et vous récréant
« vous-même, pendant ces vingt années de professo-
« rat, vous aurez écrit une soixantaine de drames,
« grands et petits, tous des chefs-d'œuvre... Et l'Eglise
« nous aura donné en littérature un genre neuf, à
« part, où se montrera en action la vertu chrétienne,
« où tout le monde, où tous les âges pourront recueil-
« lir d'exquises leçons de sagesse... Et nous en remer-
« cierons l'Eglise, comme nous la remercions de nous
« avoir donné dans la peinture les chefs-d'œuvre de
« Fra Angelico, de Fiesole. » Je lui dirai cela, à notre
grand polémiste. Il me battra ensuite s'il veut. Mais
j'aurai donné mon argument.

XV

Les Petits-Séminaires ont fait, dans l'éducation publique, la plus nécessaire, la plus heureuse des révolutions ; ils ont résolu le problème de LA SURVEILLANCE. Et ce fait, aujourd'hui enfin très-remarqué, si le Supérieur de votre Petit-Séminaire de Felletin, Monseigneur, eut l'honneur de le signaler le premier, c'est que personne ne se l'était, plus que lui, rendu personnel.

Hâtons-nous de dire que nos établissements firent sans le savoir cette merveilleuse révolution. Tout est venu du Dieu qui a béni la pauvreté : *Beati pauperes !*

En dehors des Petits-Séminaires, il y a trois modes de surveillance.

Le premier. — Je suis sûr que cela s'est vu dans certains petits colléges communaux, et je crains que cela ne se voie encore — est qu'il n'y ait pas de surveillance. Je laisse à la conscience des chefs de ces établissements, ce crime épouvantable. Je livre ce fait à l'appréciation des familles.

Le second mode, celui des colléges de l'État, est de faire de la fonction de surveillant, le dernier degré de la hiérarchie universitaire, degré tellement infime, que, ne trouvant pas toujours ce qu'on veut pour l'occuper, on en est réduit à prendre ce qu'on peut. J'ai connu, pour mon compte, de très-intelligents, de très-doux, de très-nobles jeunes hommes employés à la surveillance dans les colléges ; mais plus ils avaient de valeur, plus ils durent renoncer vite à un poste auquel il est de mode chez les écoliers de vouer la haine et le mépris. J'en connais qui, à force de mérite, ont dominé la situation. Mais je signale le fait général et incontesté. Or qui dira l'énormité d'un pareil état de choses, l'autorité, pendant huit ou dix ans, dépouillée aux yeux de l'enfance de son caractère sacré, et ne s'appelant plus que tyrannie et espionnage !

Qui vous plaindra assez, pauvres maîtres d'études, obligés de faire passer votre jeunesse, et de riches facultés peut-être, par les fourches-caudines de l'âge sans pitié ?—Et vous, famille, et vous, société humaine, qui jamais, dans l'âme de vos enfants, à l'autorité ainsi trahie rendra sa sainte auréole? Et vous, hommes éminents qu'on a vus à la tête de l'instruction publique, combien de fois n'avez-vous pas ouvertement déploré ce malheur, et aussi ouvertement, hélas ! reconnu votre impuissance à y porter remède !

Il existait un troisième mode dans les colléges des ordres religieux : la surveillance était confiée à des novices. Dans ces maisons, la piété a trop d'empire sur les cœurs pour y laisser s'installer la haine et le mépris. On admire la sainteté, et les novices sont saints. Mais leur sainteté même les rend ou scrupuleux et trop sévères, ou confiants et faibles à l'excès. Dans tous les cas, l'inexpérience ne saurait être un titre au redoutable honneur de gouverner. On a, je crois, depuis, dans ces maisons, supérieures sous tant de rapports, essayé de parer à cet inconvénient.

Or voici comment Dieu, par le moyen de la bénie pauvreté, résolut le difficile problème.

Les Petits-Séminaires ne purent pas se donner le luxe d'un nombreux personnel : le Supérieur, les huit ou dix professeurs des cours, un économe quelquefois, ce fut tout.

Et, le plus simplement du monde, le Supérieur et les professeurs qui ne voulaient pas, bien entendu, laisser leurs enfants tout seuls, allèrent partout où étaient les enfants. Au réfectoire, le Supérieur présida avec tous les professeurs. A l'étude, au dortoir, ce fut un professeur qui présida, le professeur de philosophie ou de rhétorique, aussi bien que le professeur de huitième. En récréation, M. le Supérieur fut dans la salle ou dans la cour : des professeurs y étaient avec lui. Et, dans des jeux pleins d'un entrain véritable, battus parfois par leurs élèves, ils ressentaient très-vivement le plaisir de vaincre à leur tour. Dans les promenades, chaque division marchait entre deux professeurs. On allait loin, on choisissait bien les camps, on les choisissait, je l'ai dit, variés, larges, agréables. J'aime, après vingt années, à vous revenir, ô plaines, ô vallons, ô montagnes, témoins de nos ébats d'autrefois; et vous me redites les cris de mes plus vives allégresses, ô flots de la Creuse et de la Roseille!

A l'église, tout le monde était ensemble. On surveillait, sans doute, mais moins qu'ailleurs. Il y avait tant de beaux moments où tout le monde, écoliers et maîtres, ne voulaient être que sous le regard de Dieu!

Ainsi le surveillant, cet être spécial créé et mis au

monde, uniquement pour espionner, comme ils disent, pour vexer, pour dénoncer ou punir, ce fonctionnaire agaçant, n'existe pas dans les Petits-Séminaires. Ce qui existe, c'est la famille, sous un toit commun : un père, des aînés, des enfants; le père les conduisant tous, les aînés aidant les jeunes, les grands protégeant les petits, les petits jouant avec les grands : tous, grands et petits, se levant, se couchant, mangeant, priant ensemble : tous partageant les joies et les douleurs, la saison rude et les beaux jours. L'enfant gardé, conduit, l'adolescent averti, réprimandé, puni au besoin, mais par l'homme qu'ils ont vu ce matin à l'autel, qu'ils entendront, ce soir, commenter splendidement les vers de Sophocle ou de Virgile, par l'homme sur le sein duquel ils iront, dans quelques jours, pencher leur tête et accuser leurs péchés.

Les Petits-Séminaires ont fait cela sans le savoir, ai-je dit. Qu'à aucun homme donc, n'en revienne la gloire; mais que nos chers contemporains acceptent avec reconnaissance, des mains de l'Eglise, ce signalé bienfait, et cessent de croire qu'il est bon à des fils, sous prétexte qu'ils ont grandi, de donner congé à leur mère !

XVI

Ai-je dit, Monseigneur, ce que, dans la grande question de l'instruction publique, l'Eglise a fait pour ce siècle, par ses Petits-Séminaires?

Ai-je fait, dans cette œuvre, sa part modeste à votre Petit-Séminaire de Felletin?

Ai-dit qu'un de nous, qui ne fut pas beaucoup plus que nous un génie, qui paya comme nous tous tribut à l'imperfection humaine, ai-je dit que M. Desal, pour avoir mis dans l'œuvre des Petits-Séminaires de belles facultés et quarante-trois ans de sa vie, en demeurera une des personnifications les plus complètes et les plus éclatantes ?

XVII

Si j'ai dit cela, il faudrait vous laisser dans cette gloire, Monsieur le Supérieur. Pourtant je vous en connais une autre, sur laquelle je serais impardonnable de me taire, celle de vos amitiés.

Il y en a une illustre. Tout petit, au Doral, vous vîtes M. l'abbé Berleaud professeur ; votre admiration ne voulut plus se détacher de ce grand objet. Supérieur de Felletin, vous fûtes souvent cité pour modèle par Monseigneur l'Évêque de Tulle, vous fûtes singulièrement aimé par ce noble cœur. .

L'amitié reconnaissante a écrit sur vous des pages exquises ; elle a mis, en bien des maisons, et bien loin, votre portrait ; et là, au milieu de nouvelles affections écloses, il a gardé une place d'honneur. L'amitié, chaque année. rappelait à votre fête, de tout pays et de toute condition, ceux qui autrefois, partis en pleurant, emportaient pour la relire et s'y montrer fidèles, la devise donnée par vous à Felletin : ON Y REVIENT TOUJOURS.

Un jour, à propos des invitations qui, pendant les vacances, vous appelaient dans tous les presbytères du

voisinage, vous avez écrit : « Qu'ils sont bons nos confrères de m'aimer comme cela, moi qui suis si peu
aimable ! »

Monsieur Desal méritait d'être aimé, parce que lui-
même il aimait beaucoup.

Savait-il vivre sans nous? Et, nous absents, pouvait-
il laisser passer huit jours sans nous écrire de ces let-
tres qu'on s'arrachait autour de nous, pour y respirer
les plus suaves parfums de l'amitié? Une fois, chaque
année, saint Jacques, son patron, nous convoquait ici;
mais lui, trois ou quatre fois l'an, au nom de je ne sais
quels saints patrons inconnus de nos plus proches, il
nous envoyait ses souhaits de fête. Avec quelle grâce,
à la veille de nos visites, il nous écrivait sa joie de nous
attendre! Comme, à la moindre annonce d'un empê-
chement, il s'ingéniait à l'écarter! Et quand nous arri-
vions, quels transports !... Il fallait absolument que tout
le monde fût en fête. Puis c'était son tour de nous venir
voir. Nos modestes demeures, — je parle d'une surtout,
— n'auraient pas eu pour d'autres beaucoup d'attraits.
Nous n'avions pas, comme lui, à offrir l'espace, le grand
air, les beaux ombrages, les prés, les jardins, les fleurs...,
il ne devait pas fouler, comme nous ici, un sol plein de
chers souvenirs,... il ne devait trouver qu'un hôte
presque toujours absent et toujours affairé. N'importe ; il
arrivait avec une joie d'enfant, s'installait tout seul, s'of-
frait pour rendre, dans le saint ministère, tous les plus
petits services. Occupé, du reste, tout le long du jour,
de son affaire unique, de son cher Felletin, et le soir
venu, se trouvant, disait-il, dédommagé d'un long iso-

lement par quelques heures données enfin aux causeries fraternelles.

Frêle et chancelant, il aimait à marcher le bras passé dans le bras d'un ami. Vous l'avez tous soutenu, Messieurs, vous comme moi, et plus que nous tous, vous, son plus vieil ami, son contemporain de quarante-trois ans. Vous est-il arrivé, dans ces marches à deux, de faire, vous le fort, un faux pas, et aviez-vous remarqué avec quelle fierté naïve et tendre, il disait : « Vous n'êtes pas tombé, pourtant! » Malade toute sa vie, il demanda beaucoup de soins, c'est vrai ; mais malade vous-même, avez-vous, comme moi, reçu ses soins?... Une mère, des sœurs ne les eussent pas donnés plus intelligents, plus délicats, plus dévoués.

XVIII

Un des anciens élèves de M. le Supérieur a écrit de lui : « Il était si faible, qu'un souffle l'eût abattu, si fort, que sa seule présence était pour tous l'image la plus imposante de l'autorité. » Ce fait, si bien observé, s'accentua plus que jamais dans la dernière année que M. Desal ait passée pleine sur la terre. Toute cette année 1866, languissant, frappé dans presque tous ses organes, gardant presque toujours la chambre, il gouverna avec sa vigueur ordinaire. De sa pauvre main toute blessée, il écrivit beaucoup. Et, le jour de la distribution des prix, après que vous eûtes parlé, Monseigneur, vous le vîtes escalader vaillamment cette estrade, et aux chauds accents de cette voix cassée, presque mourante, comme nous tous, vous applaudîtes en pleurant.

Le jour de saint Joseph, 19 mars 1866, il écrivait : « Enfin on dirait que je commence à revivre. Je mange depuis trois jours. Je me promène dans ma chambre.

« M'avez-vous plaint un peu, non pas tant parce que j'étais malade, que parce que je ne pouvais pas tout faire ? Cependant, de ma chambre, je n'ai pas cessé de mener la maison ; je n'ai pas négligé les confessions des enfants ; ma porte n'a jamais été close. Mais, condamné à ne pas sortir, je n'ai pas pu visiter les classes, ni aller au réfectoire, ni descendre dans la salle, le soir, au moment du coucher.

« J'éprouve une privation plus grande, celle de n'avoir dit la messe qu'une fois depuis plus de six semaines. Je n'ai même pu faire la sainte communion, parce qu'il fallait prendre chaque matin de vilaines pilules. J'ai communié ce matin : je voulais demander à saint Joseph une bonne mort, quoique je paraisse revivre.

« Aurez-vous le temps de me lire, cher ami, et pourrez-vous lire cette écriture ? Vous avez tant à confesser et à prêcher ! Il y a longtemps que je ne prêche plus ; mais j'adresse aux élèves des épîtres, qu'on leur lit à la chapelle parfois. »

Le 13 mai 1866.

« Quoique toujours très-affaibli, je me relève insensiblement. Je suis heureux de pouvoir dire la messe chaque jour de ce doux mois de Marie, non sans quelque fatigue, mais pas trop.

« J'ai été, et je suis très-bien soigné, je vous l'assure. Cette ville de Felletin m'a témoigné une sympathie pleine de délicatesses et d'attentions charmantes. Je suis nourri par elle de volaille, de gibier, de poisson, de primeurs. On a prié, on a fait des neuvaines.

« Je serais très-aise de savoir si vous avez fait ma commission à M. de Bogenet : je ne veux pas être ingrat à Notre-Dame de Sauvagnat.

« Que votre amitié et vos prières m'aident à traîner ma faiblesse. »

Nous, ses hôtes de vacances, en prenant congé de lui, au mois d'août, nous lui avions demandé la promesse de sa bonne visite annuelle. Nous avions toutes sortes de plans de repos, de promenades, de régimes. Il n'osa pas engager sa parole. Nous insistâmes par lettre, il répondit :

Villefort, 17 septembre 1866.

« Vous voilà de retour des fêtes de Vaudouan. Comme je sais gré à Monseigneur de vous avoir pris pour compagnon dans ce magnifique pèlerinage, et de vous avoir procuré ainsi le plaisir de voyager avec Monseigneur de Tulle ! C'est bon, c'est charmant ; je suis heureux.

« Mais, hélas ! il faut que je renonce, moi, à ce voyage de Limoges et d'Aixe, qui était une étincelle de ma vie, un rayon de joie, un rajeunissement. J'allais mieux ; j'étais plus fort ; je le ferai, me disais-je, mon tant aimé voyage. — Oh ! non, a dit le docteur ; vous comptez sans la toux ; ce serait une affreuse témérité. — Je me suis senti blessé au vif.

« Plaignez-moi, et ne m'en veuillez pas. Que Dieu vous donne à vous de revenir toujours !

« Oui, oui, je regrette ma chambre de Limoges, et ma chambre d'où l'on voit la Vienne, à Aixe. Je regrette les Tuilières et ces enfants qu'on y voit courir, dont un est à nous ! Je regrette les bons soins qu'on me promettait ! Je regrette tout ; aussi n'en parlons plus. Priez pour votre ami. »

Aixe et Limoges ne le revirent pas. Peu de temps après la rentrée, au mois de novembre 1866, il écrivait :

« J'ai commencé mon année avec vaillance, allant et venant, parlant à toute heure, à tout besoin, comme à trente ans. Malheureusement cela n'a pas duré ! Mon estomac se refuse à toute nourriture. Un double rhume de tête et de poitrine m'oppresse.

« Si vous savez quelque chose sur les douleurs et les espérances de l'Eglise, écrivez-le-moi. Ce mois de décembre qui approche me fait peur. Et cependant j'espère que Dieu va regarder son Eglise d'un regard de miséricorde et de justice. Il n'est pas besoin, ce me semble, de prophéties pour prévoir de grands événements. Quelle majesté dans cette parole du Souverain Pontife ! Une telle puissance annonce la vie et fait pressentir le triomphe. »

Au seuil de l'année fatale, le 3 janvier 1867 : « Voici le troisième jour de la nouvelle année, et pas une ligne de moi ne vous est arrivée ! C'est la première fois que cela s'est vu. Oh! cependant, je vous aime bien toujours, et vous veux de très-grand cœur force et santé.

« Ce que je vous souhaite, à vous, je n'ose plus le demander pour moi. Depuis une semaine, tout me trahit. Impuissant et incapable, je ne fais que dormir le jour, et veiller la nuit.

« Vous savez.. notre cher paresseux. A la dernière répétition, il avait deux *mediocriter;* quand on arriva à son nom, je dis : On ne lit pas les notes de ce *monsieur!* Il parut un peu ému. — L'autre jour, il m'est venu dire qu'il commençait une neuvaine à la sainte Vierge pour obtenir qu'elle fît un miracle en le délivrant de cette maudite paresse. — Cet enfant a la foi. Une observation attentive m'a fait découvrir, chez lui, à un degré fort appréciable, le sens du beau et du vrai. Ne nous décourageons pas. Saint Augustin, au commencement de ses études, n'aimait pas les leçons... le Père Lacordaire non plus; N*** n'a commencé à étudier qu'en rhétorique.

« Comptez, s'il vous plaît, en mon nom, soixante-douze francs pour la *Propagation de la foi.*

« Tous mes petits comptes sont parfaitement en règle; ne vous en inquiétez pas.

« J'aurais beaucoup d'autres choses à vous dire; mais je suis fatigué : je m'arrête. »

Ce fut votre dernière lettre, Monsieur le Supérieur, mais par quel bonheur rare êtes-vous, dans ce dernier écrit tracé d'une main défaillante, le vivant, l'intelligent, le dévoué directeur de l'enfance que nous avons connu pendant quarante-trois ans?

XIX

Le mal s'était fait légion. Notre cher malade qui, depuis longtemps, ne voyait pas bien, se mit à entendre moins bien encore. Son estomac cessant de fonctionner, ses nerfs devinrent plus susceptibles que jamais. Dieu ne voulut pas cependant que son vaillant serviteur s'éteignît obscur : des amitiés héroïques firent au soir de cette vie un doux crépuscule.

A côté du médecin de la maison, ancien ami, un jeune docteur, notre élève, nous étonna par des prodiges de science, nous ravit par des prodiges de dévoûment.

A côté de la religieuse infirmière, infatigable dans un service de toutes les heures du jour et de la nuit, un de nos jeunes confrères se fit, dans la plus charmante réalité du mot, Sœur de charité.

Tous les enfants s'offraient à partager le service du vénéré malade; on leur demanda une prière continuelle, — ils organisèrent des neuvaines; une sagesse irréprochable, — ils furent admirablement sages. La ville mêla maint dévoûment aux dévoûments de la maison.

Enfin, de près et de loin, les amis accoururent, les plus vieux et les plus jeunes. C'est à l'un d'eux que M. le Supérieur dit ce mot : « Vous allez, n'est-ce pas, me faire bien comprendre, me faire voir le ciel. » C'est au milieu d'eux, de la main du plus vénérable d'entre eux, dans le concert des prières de la maison et de la ville, que M. le Supérieur, assis sur son fauteuil, la tête tombant de faiblesse, la poitrine haletante, ne vivant plus que de la foi, reçut les derniers sacrements... Il s'était promis de parler, une dernière fois, à ses chers enfants. Cette effroyable faiblesse, que nous prîmes pour la mort, l'en empêcha.

Quand il revint à un peu de vie, il demanda : « Où est-on? » — « Au réfectoire, » lui fut-il répondu. — « Allez, dit-il, qu'on donne *Deo gratias*, je veux qu'on se réjouisse, parce que j'ai reçu deux grandes visites, celle de mes vieux amis, et celle du bon Dieu... »

Quelques jours après, le samedi 6 avril 1867, à neuf heures du matin, à l'âge de soixante-trois ans, M. Desal rendait doucement son âme à son Créateur.

XX

Que de discours, et qu'ils sont longs ! Et comment sommes-nous si peu avare des heures, nous qui avons tant vieilli ! Où nous avions vu des enfants, nous retrouvons des hommes. Parmi nos enfants devenus hommes, vous en avez choisi un (1), Monseigneur, et vous lui avez dit : Allez ! — Et il est venu.

Or, il y a ici, bien modeste sans doute, une couronne. Car celui qui, délégué des Évêques de Limoges, fut maître ici tant d'années, s'en est allé comme le dernier des mortels, dépouillé de toute distinction humaine, escorté seulement par ses œuvres.

(1) M. l'abbé T. de Cessac.

Jeune et bien-aimé confrère, sacré par le choix de notre Pontife et Père, décoré de votre piété, de votre science, de votre nom ; riche de jeunes ardeurs et de nobles désirs, salué par tous ici, par les maîtres, par les élèves, par la ville... elle est à vous, désormais, la couronne du vieux collége de Felletin que portèrent, dix-huit ans M. Florand de sainte mémoire, et vingt-six ans M. Desal !

Nous ne vous appellerons plus de ce nom que préféra longtemps notre paternelle familiarité : vous vous appelez Monsieur le Supérieur !

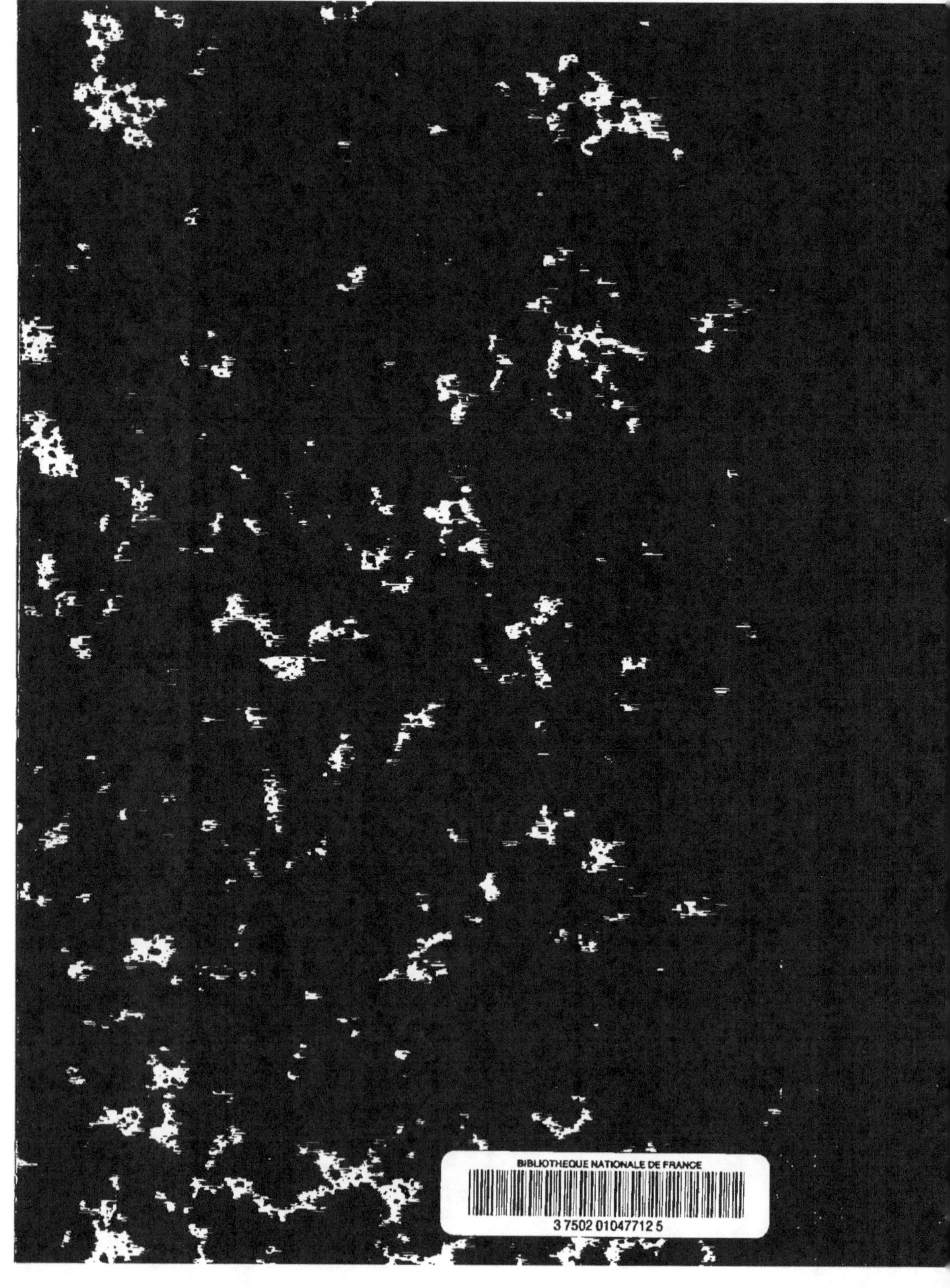
BIBLIOTHEQUE NATIONALE DE FRANCE
3 7502 010477125